U0616654

面向协同算法的高速列车鲁棒制动控制方法

何 静 杨步充 著

西南交通大学出版社
·成 都·

内容简介

本书结合作者及其团队多年的研究成果，以滑模变结构控制、一致性理论和卡尔曼滤波等理论为基础，介绍了构建高速列车协同制动体系所需要的知识框架，并详细描述了构建高速列车协同制动体系的基本算法和实施步骤。全书共包括列车制动系统建模及算法理论基础，基于扩展卡尔曼滤波器的高速列车速度估计，具有输入时滞的高速列车反演滑模制动算法，具有不确定性多智能体列车的集成协同制动算法，具有不确定性多智能体列车的鲁棒一致性制动算法，基于参数估计及滑模观测器的高速列车黏着制动算法等内容。

本书可作为高等院校相关专业研究生的教材，亦可作为相关研究者和工程技术人员的参考书。

图书在版编目（CIP）数据

面向协同算法的高速列车鲁棒制动控制方法/何静，杨步充著. 一成都：西南交通大学出版社，2019.11
ISBN 978-7-5643-7264-4

Ⅰ. ①面… Ⅱ. ①何… ②杨… Ⅲ. ①高速列车－车辆制动－鲁棒控制 Ⅳ. ①U260.13

中国版本图书馆 CIP 数据核字（2019）第 272100 号

Mianxiang Xietong Suanfa de Gaosu Lieche Lubang Zhidong Kongzhi Fangfa
面向协同算法的高速列车鲁棒制动控制方法

何　静　杨步充/著

责任编辑/李　伟
封面设计/何东琳设计工作室

西南交通大学出版社出版发行

（四川省成都市二环路北一段 111 号西南交通大学创新大厦 21 楼　610031）
发行部电话：028-87600564　　028-87600533
网址：http://www.xnjdcbs.com
印刷：四川煤田地质制图印刷厂

成品尺寸　185 mm×260 mm
印张　7　字数　185 千
版次　2019 年 11 月第 1 版　　印次　2019 年 11 月第 1 次

书号　ISBN 978-7-5643-7264-4
定价　59.00 元

前　言

　　高速列车的安全运营是高速铁路建设和发展的根本前提与永恒主题，有效的制动控制方法是确保列车安全运营的重要保障之一。高速列车采用由多节车厢耦合连接而成的分布式结构，这对列车制动算法的协同性能提出了更高的要求。因此，面向协同控制研究高速列车的制动控制方法具有重要意义。

　　作者及其团队在高速列车控制领域开展了大量的研究、探索与实践工作，并在国家自然科学基金（项目编号：61773159）、湖南省高校重点实验室项目（项目编号：2016TP1018）等课题的资助下，以高速列车协同制动的工程设计与实践为基础，系统研究了高速列车的协同制动算法，整理相关研究成果形成了本书。

　　本书共分为 8 章：第 1 章综述了高速列车制动系统建模和制动算法的研究现状；第 2 章构建了单质点、多质点和考虑黏着特性的制动系统模型，并介绍了本书开展研究所需的基本概念；第 3 章考虑到制动算法的实现需要列车速度的测量值，提出了基于扩展卡尔曼滤波器的列车测速算法；第 4 章针对制动过程存在的输入时滞和未知扰动问题，设计了反演滑模精准制动算法；第 5 章针对制动过程中存在的非线性耦合和未知扰动问题，创建了集成滑模变结构控制协同制动算法；第 6 章结合相邻车厢间距的控制，讨论了带有人工势能场函数的鲁棒协同制动算法；第 7 章结合列车轮对与轨道的黏着关系，阐述了基于参数估计的列车黏着制动控制算法；第 8 章是本书的总结与展望。

　　本书的编写得到了诸多支持与帮助。何云国参与了第 3 章的编写工作，史来诚参与了第 7 章的编写工作，谌雪媛参与了全书文字的校对工作。书中还引用或摘录了其他研究者的研究成果，在参考文献中均予以列出，对这些作者的贡献，在此表示由衷的感谢。若有遗漏或引用不当，敬请批评指正。

　　由于作者水平有限、编写时间仓促，书中难免会出现一些疏漏和不足之处，敬请读者赐正。

作　者

2019 年 7 月

目　录

第 1 章 绪 论

1.1 研究背景及意义

高速列车具有安全、环保、客运能力强等诸多优点，是中国高端装备制造业的重要代表[1]。近几年，高速铁路迅猛发展，高铁建设速度和规模更是世界领先，但是关于高速铁路运行控制技术的研究却相对滞后，成为高速列车持续发展的壁垒[2,3]。列车制动技术是车辆运行控制系统的关键技术，研究高速列车的高性能制动算法，不仅可以提高制动精度和运行效率，优化运行准点性和安全性，更对自动驾驶控制理论的创新研究、中国高速铁路的持续发展具有重要意义[4,5]。

制动算法是实现高性能制动的途径，它的关键在于对制动减速度（制动力）的精确控制，实现对目标制动曲线的跟踪[6]。列车自动驾驶（ATO）系统根据驾驶室输入的目标制动曲线，依赖高性能的制动控制算法对列车自身和环境信息进行实时采集，通过计算后输出相应的制动减速度（制动力）。然而列车自身具有分布式的结构特点，其结构是复杂和耦合的；同时，车辆运行环境暴露在大自然中，其环境是未知和多变的。这些都对高速列车制动算法的跟踪精度造成了巨大的影响。因此，列车的制动问题是一个综合性较高，且需要考虑多节车厢协同性的跟踪控制问题。而寻找可以处理上述干扰因素，具备强协同性、鲁棒性和高跟踪精度的制动方法成为科研工作者不懈研究的重要课题[7]。

滑模变结构控制始于 20 世纪 50 年代，因其控制响应速度快，对系统参数摄动、外部扰动等不敏感，物理实现简单等特点，而被广泛应用在机器人、航空航天器、电机等领域的跟踪控制中[8,9]。将动车组视为单质点模型，在实施制动控制时会面对：未知时变的空气阻力，弯道、坡道等复杂多变的线路附加阻力，制动装置带来的控制作用的滞后等。这说明列车的制动是一个具有输入时滞的，包含参数摄动和不确定性的过程，而滑模控制算法在处理上述未知干扰，实现高性能的跟踪控制方面表现出极大的优越性。因此，将滑模控制的思想引入制动算法的设计过程是本书研究的关键问题之一。

一致性问题是多智能体协同控制的经典问题，它是指各个控制对象的某些特征状态渐进达到一致[10]。一致性算法是实现一致性控制的核心，利用较少的信息交换和简单的控制器结构，使具有复杂工程结构和网络结构的多智能体系统中的各个状态渐进趋于一致[11]，状态可以是位置、速度等。随着计算机、信息采集等技术的进步，一致性算法被广泛应用在多机器人、多航天器、无人机编队控制等诸多领域。

考虑动车组的分布式结构特点，对每节车厢进行受力分析，单节车厢的动力学方程是一个含有不确定性干扰的二阶系统，而一列动车组包含 n 节列车和相邻列车之间的耦合关系，这实质上是相邻智能体间带有耦合关系和不确定性的二阶多智能体系统。研究多智能体系统的一致性跟踪控制，一致性算法具有诸多优越性。借鉴多智能体系统的方法，引入 Leader-Follower 模式下的一致性算法，结合人工势能场函数等技术手段，开展分布式列车的制动算法研究成为本书研究的另一个关键问题。

传统一致性算法在多智能体协同控制中表现出诸多优势，但是该算法面对未知干扰、模型参数摄动时，其控制效果则不尽人意；跟踪精度下降、误差收敛速度慢等问题接踵而至。滑模变结构控制依赖其独有的符号函数项，可以很好地应对诸如外部干扰、未建模动态、模型参数摄动等有界的未知性，且滑模控制响应速度极快[12]，误差系统可以在较短时间内迅速实现收敛。值得一提的是，随着滑模控制的发展，非奇异终端滑模的诞生将该算法在控制工程领域的"热度"推向了一个巅峰[13]。基于 Terminal 的滑模控制算法不仅可以实现误差系统的快速收敛，而且通过构造非线性的 Terminal 滑模面，跟踪误差在滑模面上可以在有限时间 T 内收敛到零[14]。然而，滑模控制面对由大量个体组成的分布式结构时，其局限性也尤为突出：滑模控制器的设计较为依赖被控对象的数学模型，在面对大量被控对象的协同控制问题时需针对各个对象分别设计控制器，算法的复杂性较高、计算量大，其可实现性就大打折扣。结合滑模控制与一致性理论，复合控制器很好地集成了各个控制器原有的优点，并优化了固有的缺陷。因此，针对具有分布式结构的高速列车制动问题，设计一种集成滑模控制的一致性算法，使得该算法具备结构简单、误差收敛速度快、抗干扰能力强等特点，实现高速列车的协同制动，成为本书研究的重中之重。

1.2 国内外研究现状分析

高速列车的制动算法是一个综合性较高的跟踪控制问题，面向协同控制的高速列车制动方法，包括了列车制动控制模型建立、制动跟踪控制器设计和列车黏着控制方法。本章从建模现状、控制器设计现状和黏着控制研究现状三方面展开综述。其中，模型建立包括单质点数学模型的建立和分布式数学模型的建立[15]；控制器将从基于单质点数学模型的跟踪算法和多智能体一致性算法两个方面展开讨论。

1.2.1 列车制动控制系统建模的研究现状

单质点数学模型是列车制动算法的重要研究对象，其优点在于该模型简化了车厢的内部构造，很好地突出了列车制动算法的核心要素——运行状态。在传感器技术日渐发达的 21 世纪，列车实时位移、速度、加速度等均可直观地进行检测，上述几个变量的可检测性也为制动反馈控制设计提供了便利。

传统的单质点模型将列车视为一个质点，以牛顿力学公式为手段，针对整个车体进行受力分析，然后建立列车制动过程的状态方程。此方法较好地解决了建模的问题，使列车的运行过程得到了较高精度的跟踪，从而被长时间使用[16]。Sankar G[17]等对列车进行了受力分析，建立了位置、速度和加速度为状态变量的二阶系统，实现了对列车速度、位置和控制量关系的有效模拟。于振宇[18, 19]等在列车运行方程分析的基础上详细分析了列车制动装置的工作过程，分析该过程为非线性时滞环节，并考虑模型参数的辨识，进一步提高了对模型不确定性的研究。吴鹏[20]等在上述研究的基础上考虑线路附加阻力等对车辆运行状态的影响，在状态方程中加入了附加阻力项，对制动装置造成的惯性换机和纯滞后环节采用 Pade 逼近的方式，得到线性化的数学模型。张梦楠[21]等详细分析了制动装置的滞后作用，针对上述惯性环节和纯滞后环节构建状态方程，将制动系统的数学模型升阶为三阶系统，设计李雅普诺夫泛函，证明所设计控制器的稳定性。宋永端[22]团队针对列车制动过程中的故障进行建模，并考虑了列车的未建模动态、执行器饱和非线性、牵引/制动等故障。宋琦[23]等以上述模型为对象研究了高速列车的鲁棒自适应和容错控制。同时，基于数据建模方法也被引入列车运行过程建模之中，处理模型中的未建模动态和非线性等难以建模的部分[24, 25]。

高速列车大都采用动力分散结构，这为其带来了诸多性能上的优势，同时也给数学建模带来了很大挑战。随着计算机运算能力、传感器检测技术等的不断进步，人们对制动算法的研究不再局限于速度和位置的跟踪，更关注相邻车厢之间的纵向冲击、不同车厢是否都充分发挥了其牵引/制动力[26, 27]。因此，可以反映列车分布式结构特点的多质点模型登上了历史舞台。Yang C D[28]等分析了不同车厢之间的耦合力，并将弹簧根据弹性系数详细分为三类，该模型较好地反映了车厢之间的耦合作用。杨辉[29, 30]等利用子空间辨识的方法建立了各个动车组单元的数学模型。北京交通大学赵燕[31]等考虑了含有运行阻力和线路附加阻力等未知干扰的多智能体数学模型；北京交通大学诸多科研论文，建立在单质点多位移数学模型的基础上展开研究，并考虑了执行器故障、模型不确定性[32]等因素。上述数学模型对各节车厢制动动态进行分布式建模，能更好地模拟列车实际情况，都更加贴合工程背景。

目前，动车组的制动模型已经得到了广泛研究。单质点的建模很好地包涵了列车的内部结构特点；同时，分布式建模又很好地反映了整个列车的结构组成。但是，两者各有利弊，在工程上仍然需要研究结合分布式结构与内部工作原理的列车模型。

1.2.2 单质点模型跟踪控制算法研究现状

传统的制动控制算法大部分集中在 PID 控制[33]和模糊控制[34]；后来，计算机控制技术和传感器技术日渐发展，自适应算法[35]、神经网络[36]、迭代学习等智能控制算法也被应用于制动控制算法中。

PID 控制和模糊控制都是无模型的控制算法，有很强的工程实践价值，但是这两种算法在误差收敛性和鲁棒性上都有欠缺。石卫师[37]针对模型的未建模动态设计了无模型自适应控制器（MFAC），实现了对目标制动曲线的跟踪。Cui K[38]等利用滑模变结构控制与 PID 控制结合的控制方法,研究滑模控制处理模型中的未知扰动，通过 PID 控制消除控制器输出的抖动。王青元[39]等分析了制动装置的工作过程，建立了更为准确的制动系统数学模型，设计自适应算法处理模型中的不确定性。冯晓云[40]等通过设计终端滑模控制器，实现城轨列车对目标制动曲线的有限时间跟踪控制，在利用自适应控制处理未知扰动后，设计扰动扩张观测器实时观测扰动，在获得高精度的跟踪制动控制的基础上进一步提高了制动控制器的抗干扰能力。张梦楠[41]等建立了三阶的制动控制系统，针对高阶非线性系统引用反演滑模技术，实现了对目标制动曲线的高精度制动控制。唐涛[42]等利用迭代学习技术研究了列车的自动驾驶技术。Hou[43]等将迭代性学习的方法引入动车组制动领域。吴鹏[44]等将预测控制算法引入列车的自动制动算法中，对目标曲线实施滚动优化，实现带有约束条件的多目标控制，获得了极高的制动精度。贺广宇[45]等利用线性二次最优的控制思想引入列车制动控制器设计中，实现了高精度的制动。北京交通大学、西南交通大学、华东交通大学、南昌大学均在列车运行控制技术方面中标国家自然科学基金，这代表其在该研究领域处于领先地位。其中，2011 年，北京交通大获得国家自然科学基金重点项目《高速列车主动安全控制的关键基础研究》，也为高速列车制动控制领域贡献了诸多优秀科研成果。

单质点列车的跟踪控制器在过去漫长的时间内得到了完善和发展，鉴于单质点列车的模型更加注重对列车内部工作原理和工作过程的建模，其模型的复杂程度很高；因此，跟踪控制器也较为复杂，工程实践难度较大。综上研究现状，对制动装置建模后输入时滞的问题，大都采用 Pade 逼近或者基于数据的控制器设计方法。但Pade 逼近丧失了一定的模型精准性，而基于数据的设计方法在时效性上又存在局限。因此，研究一种不失模型精准性且基于模型的设计方法成为本书重点解决的问题之一。

1.2.3 多智能体模型一致性跟踪研究现状

自然界中鱼群、牧群、鸟群等的集群运动都会有一个共同的现象：群体运动进行一段时间后，生物个体的运动状态会趋于一致。控制理论的先驱者和数学家对此进行了研究，并提出了多智能体系统（multi-agent systems）的概念，用以描述和处理大规模系统协同控制问题[46, 47]。一致性算法[48]是解决多智能体系统协同控制问题的重要手段。科研工作者对一致性算法进行了大量的理论研究工作，分别对一阶系统，双积分器二阶系统[49, 50]，含有未知项、非线性[51]的二阶系统，高阶多智能体系统[52, 53]进行了研究，利用代数图论和李雅普诺夫稳定性理论等对上述系统在一致性协议控制作用下的收敛性进行了研究。在这些基础理论研究后，Su 研究了速度不可测条件下多智能体系统的一致性算法[54]，研究了输入饱和情况下的一致性算法[55, 56]。Hui[57]等研究了 Second-order 系统有限时间收敛的一致性问题。Guan[58]等研究了 Leader-Follower 模式下二阶系统的有限时间一致性跟踪算法。Zhang[59]等在多智能体一致性算法的基础上集成了分布式滑模变结构观测器，增强了一致性协议的抗干扰能力，得到了鲁棒一致性跟踪协议。

一致性算法丰富的研究工作，为一致性算法在列车运行控制中的应用提供了坚实的基础。Ren W 较早开展了一致性算法在车辆运行协同控制中的研究和应用[60, 61]，研究了多种限制条件下多车的协同控制问题。Li[62]等仅利用相邻车厢的信息交换，实现了模型参数不确定条件下动车组的一致性控制；随后，依据列车的工程背景考虑了执行器输出力矩的饱和特性，在原有控制器基础上集成抗干扰输入饱和模块，实现了有限控制输入条件下多车的一致性跟踪[63]。王天稚[64]设计了带有人工势能场的一致性算法，实现了多车速度对目标曲线的一致性跟踪，并保证车间距始终处于安全距离。

多智能体一致性控制的研究已有丰富的成果，也成功地移植到多电机、多无人机、多车等的协同控制；但是把一致性算法运用到列车制动控制中的文章鲜有提及，现有将一致性算法与高速列车结合的文章，实现的是对多节车厢的协同控制，即在控制作用下速度达到一固定值，然而列车制动过程的目标曲线是加速度变化较小的时变曲线；并且高速列车运行环境多变，算法对时变曲线的跟踪以及对不确定性阻力的处理能力和鲁棒性有待进一步研究。

1.2.4 高速列车黏着控制方法的研究现状

列车制动力和牵引力的发挥依赖于对轮轨间黏着力的有效利用，这一目标的实现需要对黏着控制方法进行研究。黏着控制的目的在于避免列车在牵引状态下发生空转和制动状态下产生滑行。另外，黏着控制还需考虑当列车已出现空转或滑行现象，如何保证列车恢复于黏着区域。对此传统的研究方法在于，先设定列车发生空转或滑行时的阈值条件，一旦超过该阈值，即判定列车发生滑行或空转，然后再进行削减力矩控制，以实现再黏着控制。常用的方法有：组合校正法、模型控制法、加速度微分法等。然而时变的轨面环境对传统方法阈值的设定带来不可避免的误差，因此不太能满足高速列车的运行要求。

目前已有大量的实验研究表明，轮轨间的蠕滑状态对列车牵引和制动性能有着重要影响。在一定范围内，随着蠕滑率或蠕滑速度的增加，轮轨间的黏着力逐渐增大，相应的列车获得的牵引力或制动力也会增大。超过这个范围，轮轨间的黏着力会急剧下降。现代黏着制动控制方法的研究主要集中在两个方面：最佳蠕滑率的获取和黏着控制器的设计。

因此，大多控制方法都以蠕滑率或蠕滑速度为控制目标[65, 66]，以期使列车运行在最佳黏着点附近。然而在列车实际运行过程中，不同轨面的蠕滑率或蠕滑速度是时变未知的，难以精确获取。因此如何寻找时变轨面的最优蠕滑率或蠕滑速度，是一个需要解决的关键问题。对此，相关的研究大多集中在基于黏着特性数学模型的寻优算法设计上：文献[67]通过一种变步长搜索算法得到期望蠕滑速度，而实际测量噪声及干扰会影响准确性；文献[68]在汽车制动防滑控制中，利用滑模极值搜索算法估计最佳蠕滑率；文献[69]提出一种基于 RBF 神经网络的最佳滑移率在线辨识方法，解决了汽车制动过程中最佳滑移率难以在线估计的问题；还有部分文献通过一种扰动极值搜索算法在线估计参考蠕滑率，但在应用中会存在稳态振荡的问题。部分文献设计了一种无稳态振荡极值搜索算法，寻找不同轨面的最优蠕滑速度，该算法无须知道黏着系数，并很好地解决了搜索算法中存在的稳态振荡问题。

近些年，对黏着控制方法的研究已广泛渗透于飞机、汽车、列车等实际工程领域，提出的主要方法有基于 BLF 控制、滑模控制、模糊控制、智能控制如神经网络控制[70-73]。例如，文献[74]基于 BLF 设计列车黏着控制器，并构造自适应观测器对系统中的未知量进行估计；文献[75]提出了一种无须检测实际黏着状态及车速测量的新型黏着控制策略；文献[76]将模型预测控制方法应用到汽车的防滑控制中，可确保每个车轮最佳的制动力矩；文献[77]研究一种具有参考自适应的鲁棒连续车轮滑行控制，并在工程实践中验证其控制策略的有效性。

综上所述，对动车组制动控制的研究，关键问题的解决需要从以下几个方面展开更加深入的研究。

（1）列车制动过程中，复杂的环境变换为控制器的设计带来了诸多挑战；未知性的存在直接导致了控制器的不可实现，如何有效地处理制动过程中的未知干扰，较好地实现对目标曲线的跟踪是本书有待进一步研究的问题。

（2）列车具有分布式的结构特点，这是动车组的优点，但也为其控制带了一定难度。传统的控制器设计方法面对大量对象的分布式控制时，其复杂性高的缺点暴露无遗。因此，将一致性算法引入列车的制动控制中，利用较为简单的算法结构实现控制目标具有重要的研究意义。

（3）目前的黏着控制方法主要考虑的是对最优蠕滑率和蠕滑速度的估计，大多控制器的设计对列车运行过程中不可避免存在的扰动量没有做太多考虑。虽然考虑这些未知量给控制方法的设计带来巨大挑战，但这对提高列车运行性能具有重大意义，值得深入研究。

1.3 主要研究内容及结构安排

本书针对列车速度难以获取、制动过程中存在控制作用的时滞、分布式结构带来的车间耦合、制动过程中的不确定性阻力以及制动力难以有效发挥等问题进行了研究，旨在提高高速列车制动过程中对目标制动曲线的跟踪精度。因此，本书以滑模变结构理论和一致性理论为指导，同时也运用到了图论、线性系统理论、卡尔曼滤波技术等基本知识，从分布式动车组的建模、高速列车速度的获取、反演滑模控制器的设计、一致性算法设计、MATLAB 仿真和 RT-lab 实验验证等多方面展开了深入的思考和研究。

本书研究内容安排如下：

第 1 章绪论：首先对面向协同控制的高速列车制动方法的研究背景和意义进行了分析，随后对列车制动的数学模型、单质点跟踪控制器、多智能体一致性算法的研究现状进行了文献综述，最后给出了论文的结构安排和主要内容。

第 2 章制动系统建模及预备知识：介绍了输入时滞的单质点模型、分布式结构的列车数学模型以及考虑轮轨黏着特性的制动模型；为便于后续研究工作的进行，本章还对图论、一致性算法和卡尔曼滤波技术的设计进行了简要介绍。

第 3 章基于扩展卡尔曼滤波器的列车测速算法：针对列车车体速度不能直接测量的问题，提出了由扩展卡尔曼滤波算法估计车速的方案，并进行 MATLAB 仿真验证。

第 4 章具有输入时滞的动车组的 Back-Stepping（反演）滑模制动算法：在第 2 章建模的基础上，给出了反演滑模控制算法，并引入扰动扩张观测器，在实现高精度跟踪的同时，提高了制动算法的抗干扰能力；最后通过 MATLAB 仿真验证了算法的有效性。

第 5 章具有不确定性多智能体动车组的集成协同制动算法：在第 2 章建模的基础上，给出基于上下界滑模思想的一致性算法，并进行收敛性分析；最后通过 MATLAB 仿真验证了算法的有效性。

第 6 章具有不确定性多智能体动车组的鲁棒一致性制动算法：对第 4 章的算法进行了优化升级；设计滑模扰动观测器对耦合力与未知扰动的复合项进行在线观测；提出集成滑模观测器和人工势能场函数的一致性协议，并进行收敛性分析；最后通过 MATLAB 仿真和 RT-lab 实验验证了算法的有效性。

第 7 章基于参数估计及滑模观测器的高速列车黏着制动控制研究：在第 2 章建模的基础上，给出了参考蠕滑率的估计方法，设计了有限时间收敛的终端滑模跟踪控制器，并引入滑模观测器进行估计未知干扰；最后通过 MATLAB 仿真验证了算法的有效性。

第 8 章结论与展望：介绍了本书的所有研究内容的结论，归纳出研究内容的优势与创新点，并对未解决且亟待解决的问题进行了展望。

参考文献

[1] 宁滨，刘朝英. 中国轨道交通列车运行控制技术及应用[J]. 铁道学报，2017，39（2）：1-9.

[2] Dong H，Ning B，Cai B，et al. Automatic Train Control System Development and Simulation for High-Speed Railways[J]. IEEE Circuits and Systems Magazine，2010，10（2）：6-18.

[3] Ning B，Tang T，Gao Z，et al. Intelligent Railway Systems in China[J]. IEEE Intelligent Systems，2006，21（5）：80-83.

[4] 宁滨，王飞跃，董海荣，等. 高速铁路平行控制与管理系统研究框架[J]. 复杂系统与复杂性科学，2010，7（4）：11-21.

[5] 宁滨，郜春海，李开成，等. 中国城市轨道交通全自动运行系统技术及应用[J]. 北京交通大学学报，2019（1）：1-6.

[6] 张梦楠. 动车组列车自动停车控制[D]. 北京：北京交通大学，2015.

[7] 李培署，王凤洲. 我国高速动车组制动技术现状及未来技术发展探讨[J]. 铁道车辆，2018，56（9）：4-10.

[8] 张昌凡. 滑模变结构的智能控制理论与应用研究[D]. 长沙：湖南大学，2001.

[9] 张昌凡，王耀南. 滑模变结构的智能控制及其应用[J]. 中国电机工程学报，2001（3）：28-30.

[10] 林真珍. 总量协同一致控制及其在多电机牵引系统中的应用研究[D]. 株洲：湖南工业大学，2018.

[11] 吴涵. 基于群集运动的多轴协同控制研究[D]. 株洲：湖南工业大学，2015.

[12] 朱剑，张昌凡，崔茂振，等. 基于改进趋近率的滑模控制方法及应用[J]. 湖南工业大学学报，2012，26（2）：60-63.

[13] 赵凯辉，陈特放，张昌凡，等. IPMSM 非奇异快速终端滑模无速度传感器转矩控制[J]. 仪器仪表学报，2015，36（2）：294-303.

[14] 赵凯辉，何静，李祥飞，等. 包装印刷用永磁同步电机控制及无速度传感器控制技术综述[J]. 包装学报，2017，9（1）：13-20.

[15] 杨辉，付雅婷. 列车运行建模与速度控制方法综述[J]. 华东交通大学学报，2018，35（5）：1-8.

[16] Nankyo M，Ishihara T，Inooka H. Feedback Control of Braking Deceleration on Railway Vehicle[J]. Journal of Dynamic Systems Measurement & Control，2006，128（2）：185-190.

[17] Sankar G，Kumar S S. Fuzzy logic based automatic braking system in

trains[C]. IEEE，2006：383-387.

[18]　于振宇，陈德旺. 城轨列车制动模型及参数辨识[J]. 铁道学报，2011，33（10）：37-40.

[19]　罗仁士，王义惠，于振宇，等. 城轨列车自适应精确停车控制算法研究[J]. 铁道学报，2012，34（4）：64-68.

[20]　Wu P，Wang Q. Research of the automatic train stop control based on adaptive generalized predictive control[C]. 2014：3399-3404.

[21]　张梦楠，徐洪泽. 基于 Krasovskii 泛函的城轨列车制动控制器设计[J]. 吉林大学学报（工学版），2015，45（1）：104-111.

[22]　Song Q，Song Y D，Cai WC. Adaptive backstepping control of train systems with traction/braking dynamics and uncertain resistive forces[J]. Vehicle System Dynamics，2011，49（9）：1441-1454.

[23]　Song Q，Y D. Dealing with nonlinear and uncertain nonlinear resistances in train control via adaptive approach[C]. IEEE，2010.

[24]　付雅婷，杨辉. 基于 ANFIS 模型的高速动车组运行优化控制[J]. 控制工程，2016，23（10）：1572-1577.

[25]　衷路生，颜争，杨辉，等. 数据驱动的高速列车子空间预测控制[J]. 铁道学报，2013，35（4）：77-83.

[26]　何静，史来诚，张昌凡，等. 动车组电-空制动力优化分配研究[J]. 计算机工程，2018，44（10）：314-320.

[27]　张昌凡，殷晓飞，刘建华，等. 高速列车制动力分配优化控制算法研究[J]. 电子测量与仪器学报，2018，32（3）：80-87.

[28]　Yang C D，Sun Y P. Mixed H2/H cruise controller design for high speed train[J]. International Journal of Control，2001，74（9）：905-920.

[29]　杨辉，张芳，张坤鹏，等. 基于分布式模型的动车组预测控制方法[J]. 自动化学报，2014，40（9）：1912-1921.

[30]　李中奇,杨辉,刘明杰,等. 高速动车组制动过程的建模及跟踪控制[J]. 中国铁道科学，2016，37（5）：80-86.

[31]　Zhao Y，Wang T，Karimi H R. Distributed cruise control of high-speed trains[J]. Journal of the Franklin Institute，2017，354（14）：6044-6061.

[32]　Song Y D，Song Q，Cai W C. Fault-Tolerant Adaptive Control of High-Speed Trains Under Traction/Braking Failures：A Virtual Parameter-Based Approach[J]. IEEE Transactions on Intelligent Transportation Systems，2014，15（2）：737-748.

[33]　Zhang S. Research on Automatic Train Operation Based on Improved PID Algorithm[J]. Railway Signalling & Communication，2017，53（2）：27-30.

[34]　Yasunobu S，Miyamoto S，Ihara H. A Fuzzy Control for Train Automatic

Stop Control[J]. Transactions of the Society of Instrument & Control Engineers，2009，19（11）：873-880.

[35]　Gao S, Dong H, Ning B, et al. Adaptive fault-tolerant automatic train operation using RBF neural networks[J]. Neural Computing & Applications, 2015, 26(1): 141-149.

[36]　Jin Y U, Qian Q Q, Zheng-You H E. Research on Application of Two-degree Fuzzy Neural Network in ATO of High Speed Train[J]. Journal of the China Railway Society，2008，5（30）：52-56.

[37]　石卫师. 基于无模型自适应控制的城轨列车自动驾驶研究[J]. 铁道学报，2016（3）：72-77.

[38]　Yang Y F, Cui K, Lü X J. Combined sliding mode and PID control of automatic train operation system[J]. Journal of the China Railway Society，2014，36（6）：61-67.

[39]　Wu P, Wang Q Y. Research of the automatic train stop control based on adaptive generalized predictive control[C]. 2014：3399-3404.

[40]　王青元，吴鹏，冯晓云，等. 基于自适应终端滑模控制的城轨列车精确停车算法[J]. 铁道学报，2016（2）：56-63.

[41]　张梦楠，徐洪泽. 城轨列车反推自动停车控制算法[J]. 西安交通大学学报，2014，48（9）：136-142.

[42]　王呈，唐涛，罗仁士. 列车自动驾驶迭代学习控制研究[J]. 铁道学报，2013，35（3）：48-52.

[43]　Hou Z, Wang Y, Yin C, et al. Terminal iterative learning control based station stop control of a train[J]. International Journal of Control，2011，84（7）：1263-1274.

[44]　吴鹏，王青元，梁志成，等. 基于预测控制的列车精确停车算法[J]. 计算机应用，2013，33（12）：3600-3603.

[45]　贺广宇. 基于 LQR 的列车精确停车控制算法研究[D]. 北京：北京交通大学，2009.

[46]　Su H S, Wang X F. Pinning Control of Complex Networked Systems[M]. 上海：上海交通大学出版社，2013.

[47]　Su H S, Wang X F, Lin Z L. Flocking of Multi-Agents With a Virtual Leader[J]. IEEE Transactions on Automatic Control, 2009, 54(2): 293-307.

[48]　Olfatisaber R, Fax A, Murray R M. Consensus and Cooperation in Networked Multi-Agent Systems[J]. Proceedings of the IEEE，2007，95（1）：215-233.

[49]　Ren W. Consensus Algorithms for Double-integrator Dynamics[J]. IEEE Transactions on Automatic Control，2008，53（6）：1503-1509.

[50]　Abdessameud A, Tayebi A. On consensus algorithms design for double

integrator dynamics [M]. ELSEVIER, 2013.

[51]   Su H, Chen G, Wang X, et al. Adaptive second-order consensus of networked mobile agents with nonlinear dynamics[J]. Automatica, 2011, 47（2）: 368-375.

[52]   Wei R, Moore K, Chen Y Q. High-Order Consensus Algorithms in Cooperative Vehicle Systems[C]. 2006.

[53]   Hua C C, You X, Guan X P. Leader-following consensus for a class of high-order nonlinear multi-agent systems [J]. Automatica, 2016, 73: 138-144.

[54]   Xu C, Ying Z, Su H, et al. Necessary and sufficient conditions for distributed containment control of multi-agent systems without velocity measurement[J]. Control Theory & Applications Iet, 2014, 8（16）: 1752-1759.

[55]   Su H, Gui J, Chen Z Q. Semi-global containment control of multi-agent systems with input saturation[J]. IET Control Theory & Applications, 2015, 352（9）: 3504-3525.

[56]   Su H, Chen Z Q, Chen G. Robust semi-global coordinated tracking of linear multi-agent systems with input saturation[J]. International Journal of Robust & Nonlinear Control, 2015, 25（14）: 2375-2390.

[57]   Hui Q, Haddad W M, Bhat S P. Finite-Time Semistability and Consensus for Nonlinear Dynamical Networks[J]. IEEE Transactions on Automatic Control, 2008, 53（8）: 1887-1900.

[58]   Guan Z H, Sun F L, Wang Y W, et al. Finite-Time Consensus for Leader-Following Second-Order Multi-Agent Networks[J]. IEEE Transactions on Circuits & Systems I Regular Papers, 2012, 59（11）: 2646-2654.

[59]   Zhang C F, Wu H, He J, et al. Consensus Tracking for Multi-Motor System via Observer Based Variable Structure Approach[J]. Journal of the Franklin Institute, 2015, 352（8）: 3366-3377.

[60]   Ren W, Beard R W. Distributed Consensus in Multi-vehicle Cooperative Control: Theory and Applications[M]. Springer London, 2008: 71-82.

[61]   Ren W, Chao H, Bourgeous W, et al. Experimental Validation of Consensus Algorithms for Multivehicle Cooperative Control[J]. IEEE Transactions on Control Systems Technology, 2008, 16（4）: 745-752.

[62]   Li S K, Yang L X, Gao Z Y. Coordinated cruise control for high-speed train movements based on a multi-agent model[J]. Transportation Research Part C, 2015, 56: 281-292.

[63]   Li S K, Yang L X, Gao Z Y. Adaptive coordinated control of multiple high-speed trains with input saturation[J]. Nonlinear Dynamics, 2015, 83（4）: 1-13.

[64] 王天稚. 基于多智能体一致技术的高速列车分布式控制[D]. 北京：北京
      交通大学，2017.

[65] Sadr S，Khaburi D A，Rodriguez J. Predictive Slip Control for Electrical
      Trains[J]. IEEE Transactions on Industrial Electronics，2016，63（6）：
      3446-3457.

[66] Chen Y，Dong H，Lu J，et al. A Super-Twisting-Like Algorithm and Its Application
      to Train Operation Control With Optimal Utilization of Adhesion Force[J].
      IEEE Transactions on Intelligent Transportation Systems，2016，17（11）：
      3035-3044.

[67] Lu K，Song Y，Cai W. Robust adaptive re-adhesion control for high speed
      trains[Z]. IEEE，2014：1215-1220.

[68] Dincmen E，Guvenc B A，Acarman T. Extremum-Seeking Control of ABS
      Braking in Road Vehicles With Lateral Force Improvement[J]. IEEE
      Transactions on Control Systems Technology，2014，22（1）：230-237.

[69] 彭晓燕，章兢，陈昌荣. 基于 RBF 神经网络的最佳滑移率在线计算方法[J].
      机械工程学报，2011，47（14）：108-113.

[70] Subudhi B，Ge S S. Sliding-Mode-Observer-Based Adaptive Slip Ratio
      Control for Electric and Hybrid Vehicles[J]. IEEE Transactions on
      Intelligent Transportation Systems，2012，13（4）：1617-1626.

[71] Lin W，Lin C，Hsu P，et al. Realization of Anti-Lock Braking Strategy for
      Electric Scooters[J]. IEEE Transactions on Industrial Electronics，2014，61
      （6）：2826-2833.

[72] De Castro R，Araujo R E，Freitas D. Wheel Slip Control of EVs Based on
      Sliding Mode Technique With Conditional Integrators[J]. IEEE Transactions
      on Industrial Electronics，2013，60（8）：3256-3271.

[73] Xu G，Xu K，Zheng C，et al. Optimal Operation Point Detection Based on
      Force Transmitting Behavior for Wheel Slip Prevention of Electric
      Vehicles[J]. IEEE Transactions on Intelligent Transportation Systems，
      2016，17（2）：481-490.

[74] Cai W，Li D，Song Y. A Novel Approach for Active Adhesion Control of
      High-Speed Trains Under Antiskid Constraints[J]. IEEE Transactions on
      Intelligent Transportation Systems，2015，16（6）：3213-3222.

[75] Liao W，Chen H，Cai W，et al. A novel active adhesion control design for
      high speed trains without vehicle speed measurement[J]. Control
      Conference（CCC），2014：221-226.

[76] Cui G，Dou J，Li S，et al. Slip Control of Electric Vehicle Based on
      Tire-Road Friction Coefficient Estimation[J]. Mathematical Problems in

Engineering，2017，25（4）：1-8.

[77]　Savitski D，Schleinin D，Ivanov V，et al. Robust Continuous Wheel Slip Control With Reference Adaptation：Application to the Brake System With Decoupled Architecture[J]. IEEE Transactions on Industrial Informatics，2018，14（9）：4212-4223.

第 2 章　制动系统建模及预备知识

2.1　引　言

目前的制动控制算法,大都针对系统建模和制动控制器设计两个方面进行研究。制动算法实质上是针对列车设计高性能的制动跟踪控制器,对加速度进行精确控制,进而实现对目标制动曲线的精准跟踪;同时,该跟踪控制器还要对模型参数摄动、外部未知扰动、车间耦合等具备较强的处理能力。因此,动车组的协同制动问题可以转化为复杂的跟踪控制问题。

本章将制动控制问题拆分为两个大问题进行研究准备工作的阐述。复杂的跟踪控制问题:首先,研究的是被控对象的建立,在此对单质点列车制动模型的建立和分布式列车制动模型的建立进行阐述;随后,研究的是控制器的设计和考虑黏着特性的制动控制模型的建立。最后,本章对二阶系统的一致性算法、代数图论和扩展卡尔曼滤波技术的相关理论进行阐述。上述两大部分的阐述为后续制动控制器的设计、分析与验证奠定理论基础。

2.2　制动系统建模

2.2.1　考虑输入时滞的单质点模型建立

高速列车在运行时,列车自身提供牵引力和制动力,同时还受到空气造成的运行阻力和多变线路产生的线路附加阻力。其运动学方程为[1]

$$\begin{cases} \dot{s} = v \\ M(1+\gamma)\dot{v} = F(t) - R_\mathrm{b}(t) - R_\mathrm{c}(t) \end{cases} \tag{2-1}$$

式中,v 为列车运行速度,m/s;s 为列车行驶距离,m;M 为列车的总质量,t;γ 为列车回转系数;$F(t)$ 为列车牵引力或制动力,该处是我们展开研究的关键力矩;$R_\mathrm{b}(t)$ 为基本运行阻力,kN;$R_\mathrm{c}(t)$ 为线路附加阻力,kN。

$R_\mathrm{b}(t)$ 和 $R_\mathrm{c}(t)$ 表达式为[2]

$$\begin{cases} R_{\mathrm{b}}\left(t\right) = \left(r_1 + r_2 v + r_3 v^2\right) Mg \times 10^{-3} \\ R_{\mathrm{c}}\left(t\right) = \left(w_1 + w_2 + w_3\right) Mg \times 10^{-3} \end{cases} \qquad (2\text{-}2)$$

式中，r_1, r_2, r_3 表示阻力系数，实时测量阻力系数的可行性不大，通常通过统计经验数据计算得出运行阻力系数的经验值，然而实际工程中基本运行阻力会随着温度、湿度、风速等的变化而变化，因此，我们认为基本运行阻力是一个未知量；w_1, w_2, w_3 分别表示单位坡道附加阻力、单位曲线附加阻力、单位隧道附加阻力。

附加阻力的计算公式如下：

$w_1 = 1\,000 \sin\theta$，θ 为坡道角度；$w_2 = 600/R$，R 为曲线半径；$w_3 = 0.000\,13l$，l 为隧道长度。

在列车运行时，可以提前获取线路情况的变化，也可以提前计算出线路附加阻力[3]。

令 $a_{\mathrm{s}}\left(t\right) = \dfrac{F\left(t\right)}{M\left(1+\gamma\right)}$，$d\left(t\right) = -\dfrac{R_{\mathrm{b}}\left(t\right) + R_{\mathrm{c}}\left(t\right)}{M\left(1+\gamma\right)}$，式(2-1)可简化为式(2-3)：

$$\begin{cases} \dot{s} = v \\ \dot{v} = a_{\mathrm{s}}\left(t\right) + d\left(t\right) \end{cases} \qquad (2\text{-}3)$$

式中，$a_{\mathrm{s}}\left(t\right)$ 为制动装置或牵引电机提供的加速度；$d\left(t\right)$ 为所受阻力产生的加速度。

令 $a = \dfrac{r_1 g}{1\,000\left(1+\gamma\right)}$，$b = \dfrac{r_2 g}{1\,000\left(1+\gamma\right)}$，$c = \dfrac{r_3 g}{1\,000\left(1+\gamma\right)}$，$W\left(t\right) = \dfrac{R_{\mathrm{c}}\left(t\right)}{M\left(1+\gamma\right)}$，则 $d\left(t\right)$ 可被重新写为 $d\left(t\right) = W\left(t\right) + a + bv + cv^2$。

如图 2-1 所示，$u\left(t\right)$ 是驾驶室的控制输入，经过列车微机制动控制单元（MBCU）计算后得出此时列车所需的目标制动减速度 a_{t}，该制动减速度的产生首先要经过人的反应时间和信息传递的延迟，时间为 τ。然后，列车制动缸充气产生该目标制动减速度，然而制动缸充气的过程可以被近似为一阶惯性环节，从气缸压力为零上升到目标压力值。综上所述，可以用式(2-4)描述制动装置的动态过程[4]：

$$\dot{a}_{\mathrm{s}}\left(t\right) = -\frac{1}{T} a_{\mathrm{s}}\left(t\right) + \frac{1}{T} a_{\mathrm{t}}\left(t-\tau\right) \qquad (2\text{-}4)$$

式中，$a_{\mathrm{s}}\left(t\right)$ 为控制加速度，由制动控制器产生，实时作用在列车上；$a_{\mathrm{t}}\left(t\right)$ 为目标加速度，即制动装置所要达到的加速度；T 为系统的响应时间，它与电信号转换为空气压力信号的速度以及气缸充气的速度有关；τ 为控制传输延时，它与列车网络通信速度、制动控制单元（MBCU）计算与分配制动力的速度等有关。

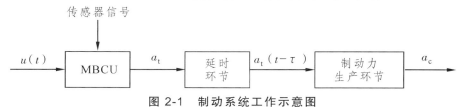

图 2-1　制动系统工作示意图

综合式(2-3)和式(2-4)得到制动系统完整的数学模型，可用式(2-5)进行描述。

$$\begin{cases} \dot{s} = v \\ \dot{v} = a_s(t) + d(t) \\ \dot{a}_s(t) = -\dfrac{1}{T}a_s(t) + \dfrac{1}{T}a_t(t-\tau) \end{cases} \tag{2-5}$$

本小节将动车组视为单质点的刚体模型,分析了其位置、速度、加速度的关系并构建了数学模型;我们也可很自然地联想到动车组具有分布式的结构特点,因此,后续的研究工作将针对分布式建模展开。

2.2.2　考虑车间耦合的分布式模型建立

分布式动车组模型如图 2-2 所示[5]。

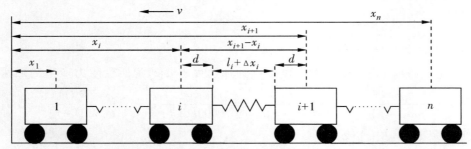

图 2-2　分布式动车组模型图

图 2-2 中,x_i 表示第 i_{th} 节车厢与始发位置的位移;d 表示车厢质心与车厢边际的固定距离;$r_{ij} = x_i - x_j$ 表示相邻车厢之间的距离(位移差);l_i 表示弹簧的原始长度;$\Delta x_i = r_{ij} - 2d - l_i$ 表示相邻的两车厢之间弹簧的形变量。如图 2-2 所示的分布式动车组,动车组可视为 n 个车厢和 $n-1$ 个弹簧组成的动态系统。对每节车厢进行受力分析:车厢 1 受到向后的阻力和弹簧 1 对其产生向后的拉力,车厢 i 受到向后的阻力、弹簧 $i-1$ 对其产生向前的拉力和弹簧 i 对其产生向后的拉力,车厢 n 受到向后的阻力和弹簧 $n-1$ 对其产生向前的拉力。对每节车厢进行受力分析,得到动力学模型:

$$\begin{cases} \begin{cases} \dot{x}_1 = v_1 \\ m_i\dot{v}_1 = u_1 + f_0 - f_1 - d_{f1} \\ \cdots \end{cases} \\ \begin{cases} \dot{x}_i = v_i \\ m_i\dot{v}_i = u_i + f_{i-1} - f_i - d_{fi} \\ \cdots \end{cases} \\ \begin{cases} \dot{x}_n = v_n \\ m_n\dot{v}_n = u_n + f_{n-1} - f_n - d_{fn} \end{cases} \end{cases} \tag{2-6}$$

式中，i 为车厢的数目；m_i 为第 i 节车厢的质量；x_i, v_i 分别为第 i 节车厢的运行速度和位置信息；u_i 为第 i 节车厢的控制输入；f_i 为第 i 节车厢的非线性耦合作用力；d_{fi} 为第 i 节车厢受到的不确定性外界干扰。

d_{fi} 的表达式为

$$d_{fi} = a_{1i} + a_{2i}v_i + a_{3i}v_i^2 + \Psi_i \tag{2-7}$$

式中，a_{1i}、a_{2i}、a_{3i} 分别为运行阻力公式中的常数项；Ψ_i 为线路附加阻力，包括隧道、坡道和弯道的附加阻力。

第 i 节车厢的非线性耦合作用力 f_i 来自相邻的车厢,该参数模型下的弹簧为典型的 Hardening-Spring 模型，k_{0i} 为一个常数，ε 为非线性因素，其表达式为

$$f_i = k_{0i}(1 + \varepsilon \Delta x^2)\Delta x \tag{2-8}$$

标注 2.1： 该数学模型重在描述不同车厢之间的作用力关系和不同车厢所受空气阻力的不同。因此，制动装置时滞作用在建模时没有体现。研究工作是循序渐进的过程，在讨论单质点带输入时滞的数学模型后研究列车分布式建模，在有限的工作时间内突破分布式建模的控制问题后，再加入不同车厢因制动装置带来的输入时滞作用，研究具有输入时滞的分布式数学模型的控制问题。

标注 2.2： 未知的附加阻力 $\Psi_i = w_{1i} + w_{2i} + w_{3i}$。其计算公式如下：$w_1 = 1\,000\sin\theta$，$\theta$ 为坡道角度；$w_2 = 600/R$，R 为曲线半径；$w_3 = 0.000\,13l$，l 为隧道长度。在列车正常运行的情况下，上述附加阻力也可视为有界的变化量。

标注 2.3： 车厢间连接弹簧产生的弹力 f_i。已知列车在初始状态时，相邻车厢处于安全的车间距。列车处于运行状态时，如不发生车厢连接处断裂，相邻车厢的车间距不会无限扩大。因此，Δx_i 是有界的变化量，f_i 也是有界的变化量。

2.2.3　考虑轮轨间黏着特性的模型建立

列车牵引和制动力的发挥主要依赖于轮轨间的黏着力，而轮轨间的黏着是一个复杂多变的难以实时检测的物理状态。在实际运行中，轮轨间的黏着具有复杂的高强度非线性，受多种因素的影响[6]。主要影响因素有：轮轨面的状态，如轮轨踏面是否变形损伤；列车运行环境，如雨雪天气、油渍污染等；列车运行速度，速度越高越容易破坏轮轨间的黏着；列车构造，有研究表明，在一定范围内，轴重增大，黏着系数会降低。

由于种种因素的交错影响，实际中很难进行精准的黏着分析，目前通常使用经验公式进行计算。大量实验研究表明，黏着力的大小和轮轨间的蠕滑状态有着密不可分的联系。据此，学者们也提出很多轮轨间黏着分析计算模型，主要有 Burckhardt 模型、Kalker 模型、Oldrich Polach 模型、Kiencke 模型等。

为方便分析计算，本书采用 Kiencke 轮轨黏着特性数学模型[7]：

$$\mu(\lambda) = \frac{\mu_0 \lambda}{1 + P_1 \lambda + P_2 \lambda^2} \tag{2-9}$$

式中，μ_0 为黏着特性曲线初始斜率；λ 为蠕滑率；$\mu(\lambda)$ 为以 λ 为变量的黏着系数；P_1、P_2 为轨面参数。不同轨面状态下 P_1、P_2 的值如表 2-1 所示[8]。

表 2-1　不同轨面计算参数

轨面条件	P_1	P_2
高黏着	120	280
低黏着	200	500
极低黏着	350	1 000

图 2-3 所示为不同轨面下的黏着特性曲线。对于不同的轨面，黏着系数都随蠕滑率的增加先增大后减少，并存在最优蠕滑率对应唯一的峰值点。峰值点左边为黏着区，右边为滑动区。黏着控制的目标是让列车的蠕滑率始终保持在最佳值附近，使其运行在最大黏着系数区域，从而获得最佳的制动力。这样就可降低制动过程中列车的打滑概率，保障运行安全，提高制动性能。

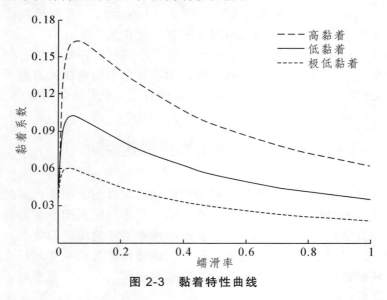

图 2-3　黏着特性曲线

列车在实施制动时，制动缸在压缩空气的作用下，推动活塞杆产生推力，经过基础制动装置的放大，再将力传递给制动闸片并施加到制动盘上，从而产生制动力，最终使列车减速。然而实际的列车制动系统是异常复杂难以精确获得的，因此，在目前的黏着控制策略中，常以简化的列车受力模型进行分析。本书采用简化的单轮对受力模型，如图 2-4 所示。

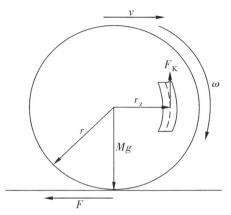

图 2-4　单轮对受力示意图

值得注意的是，在制动过程中，制动闸片与轮对间存在着复杂的机械机理以及时变未知的扰动。因此，列车制动的动力学模型的建立应考虑这些不确定因素的影响，以符合列车实际的运行工况。因此，为考虑列车制动运行工况的复杂多变和不确定性以及提高建模的精确性，在列车制动的动力学模型中引入未知的黏滞摩擦系数及扰动，再基于图 2-4 所示简化的轮对受力模型，可得相应的列车动力学模型表达式。

轮对旋转动力学方程：

$$J\dot{\omega} = -B_t\omega + Fr - F_K r_z + T_D \tag{2-10}$$

轮对纵向动力学方程：

$$M\dot{v} = -F \tag{2-11}$$

式中，ω 为轮对角速度；J 为转动惯量；F 为黏着力；r 为车轮半径；v 为列车速度；$F_K r_z$ 为制动力矩；M 为轴重。

列车制动运行工况下，车体速度 v 和轮对速度 ωr 总会存在一定的差值。一般情况下，将其差值与车体速度 v 的比值定义为蠕滑率 λ。

$$\lambda = \frac{v - \omega r}{v} \tag{2-12}$$

黏着力和轮轨间的蠕滑密不可分，是一种特殊复杂的力。对此学者们进行了大量研究，提出的计算模型也比较多。本书为简化计算，取黏着力表达式：

$$F = \mu(\lambda)Mg \tag{2-13}$$

本书引入式(2-10)、(2-11)所示的高速列车黏着制动数学模型，相比于文献[9]，在轮对旋转动力学方程中引入了未知的黏滞摩擦系数 B_t 及扰动 T_D。虽然考虑这些未知量的影响，给黏着控制方法的设计带来巨大的挑战，然而这样的高速列车黏着制动数学模型能进一步贴合列车实际制动运行工况，同时对提高黏着制动系统的建模有着重要的意义。

由式(2-10)～(2-13)描述的高速列车黏着制动模型的数学表达式，可构建相应的动力学模型，如图 2-5 所示。

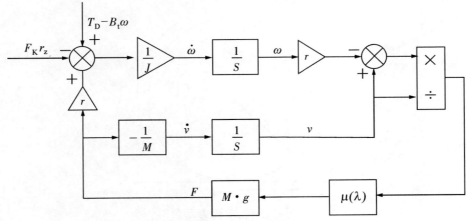

图 2-5　高速列车制动的动力学模型

2.3　预备知识简述

2.3.1　扩展卡尔曼滤波算法

卡尔曼滤波是一种以随机信号为对象的实时递推算法，根据一定的滤波准则，即采用要求状态的最优值应与相应的真实值的误差的方差最小的方法，通过时间更新和观测更新算法将滤波器的输入与输出联系在一起，并对所需的信号进行估计。卡尔曼（Kalman）在 20 世纪 60 年代提出了一种把状态空间引入随机估计理论中，估计过程中利用系统噪声和观测噪声的统计特性形成的滤波算法。该方法被广泛应用到工程实践中，如连续制导过程以及飞机、船舶等控制问题上。

刚开始卡尔曼提出的滤波基本理论只能运用于线性系统滤波，并且它所观测的方程也必须是线性的。在此后的多年间，Bucy 等人致力于卡尔曼滤波理论在非线性系统和非线性观测下的研究，并扩展了卡尔曼滤波的适用范围。扩展卡尔曼滤波是将非线性系统一阶线性化，然后再利用标准卡尔曼滤波算法，但存在的问题就是在线性化过程中会带来近似误差。之后，S.Julier 提出了无迹卡尔曼滤波，它摒弃了对非线性函数线性化处理，无须计算 Jacobian 矩阵，无须忽略高阶项，而是使用 UT 变换来处理均值和协方差，因而计算精度更高。近年来，人们将鲁棒控制理论的思想引入滤波中来，形成鲁棒滤波理论。

上述介绍了卡尔曼滤波的发展过程，相信随着科技的不断发展进步，其理论将更加完善，并得到更加广阔的应用。

一般地，只要能够建立与时间序列和高斯白噪声有关的模型系统，都可以利用卡尔曼滤波算法处理。在其应用领域中，对车辆行驶状态估计和参数估计是一个很重要的方面。鉴于扩展卡尔曼滤波技术到目前已经发展比较完善，所以本书选择扩展卡尔曼滤波算法作为列车车体速度的估计工具，对高速列车状态进行辨识。

考虑系统噪声和测量噪声，得到标准非线性离散方程[10]：

$$\begin{cases} x_{k+1} = f(x_k, \mu_k) + w_k \\ y_{k+1} = h(x_{k+1}) + v_{k+1} \end{cases} \tag{2-14}$$

式中，w_k 为随机噪声干扰输入；v_{k+1} 为随机量测噪声。

w_k、v_{k+1} 是将系统分布参数、干扰及检测误差等不确定因素考虑在内的零均值白噪声，它们与系统的状态和采样时间不相关。

下面给出扩展卡尔曼滤波算法[11]：

前一状态的状态预测方程为

$$\hat{x}_{k+1}^- = f(\hat{x}_k, \mu_k) \tag{2-15}$$

前一状态的协方差预测方程为

$$\boldsymbol{P}_{k+1}^- = \boldsymbol{A}_k \boldsymbol{P}_k \boldsymbol{A}_k^{\mathrm{T}} + \boldsymbol{Q}_k \tag{2-16}$$

滤波器增益计算方程为

$$\boldsymbol{k}_k = \boldsymbol{P}_k^- \boldsymbol{H}_k^{\mathrm{T}} (\boldsymbol{H}_k \boldsymbol{P}_k^- \boldsymbol{H}_k^{\mathrm{T}} + \boldsymbol{R})^{-1} \tag{2-17}$$

状态校正方程为

$$\hat{x}_k = \hat{x}_k^- + k_k[y - h(\hat{x}_k, \mu_k, 0)] \tag{2-18}$$

协方差误差校正方程为

$$\boldsymbol{P}_k = (\boldsymbol{I} - k_k \boldsymbol{H}_k) \boldsymbol{P}_k^- \tag{2-19}$$

式中，$\boldsymbol{Q}_k$、$\boldsymbol{R}$ 分别是系统的状态方程和测量方程中高斯白噪声的协方差矩阵。

扩展卡尔曼滤波（EKF）是通过把非线性系统进行 Taylor 展开并一阶线性化，再利用卡尔曼滤波公式来实现递推滤波。完整 EKF 的过程如图 2-6 所示。

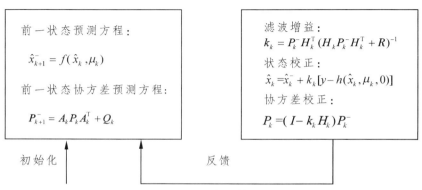

图 2-6　EKF 滤波算法框图

2.3.2 多智能体一致性算法

考虑由 N 个二阶系统组成的动态系统：

$$\begin{cases} \dot{x}_i = v_i \\ \dot{v}_i = u_i \end{cases}, i = 1, 2, \cdots, n \tag{2-20}$$

式中，x_i 和 v_i 分别表示第 i 个智能体的位移和速度；u_i 为系统的控制输入。

控制目标是设计算法 u_i 使式(2-20)中各个智能体的速度和位移状态达到一致。即当时间 $t \to \infty$ 时，存在：

$$\left| x_i - x_j \right| \to 0, \left| v_i - v_j \right| \to 0, \forall i \neq j \tag{2-21}$$

设计基本一致性协议：

$$u_i = \sum_{i=1}^{n} a_{ij} \left[\left(x_i - x_j \right) + \gamma \left(v_i - v_j \right) \right] \tag{2-22}$$

其中，γ 是一个待设计参数，将上述一致性协议代入式(2-20)中得

$$\begin{bmatrix} X \\ V \end{bmatrix} = \begin{bmatrix} 0_{n \times n} & I_n \\ -L & -\gamma L \end{bmatrix} \begin{bmatrix} X \\ V \end{bmatrix} \tag{2-23}$$

其中，$X = [x_1, x_2, \ldots, x_n]$；$V = [v_1, v_2, \ldots, v_n]$；$L$ 表示系统的拉普拉斯矩阵，经过计算后得到式(2-23)的特征方程为

$$\det \left[\lambda^2 I_n + (1 + \gamma \lambda) L \right] = \prod_{i=1}^{n} \left[\lambda^2 - (1 + \gamma \lambda) \lambda_i (L) \right] \tag{2-24}$$

其中，$\lambda_i (L)$ 表示拉普拉斯矩阵 L 的特征根，其表达式为

$$\frac{\gamma \lambda_i (L) \pm \sqrt{\gamma^2 \lambda_i^2 (L) + 4 \lambda_i (L)}}{2} \tag{2-25}$$

对上述二阶系统设计一致性协议，得到如下结论：

结论 2.1：式(2-22)实现一致性的充分必要条件是线性系统式(2-23)有两个 0 特征根，其他特征根具有负实部[12]。特别有：

$$X(0) \to 1\xi^\mathrm{T} X(0) + t1\xi^\mathrm{T} V(0), V(0) \to t1\xi^\mathrm{T} V(0) \tag{2-26}$$

标注 2.4：上述推导过程是一个双积分器二阶系统的标准一致性协议。通过该例计算发现：一致性算法的设计不依赖系统的内部结构，通过相邻智能体之间位置和速度信息的交换实现状态变量的一致性，也有文献上提到过一致性算法其实是被控对象状态的更新率，通过实时通信，更新状态达到最终一致。这也是一致性算法被广泛应用在多智能体控制的重要原因。

2.3.3　代数图论的基础知识

图论和矩阵运算是研究多智能体一致性算法的工具。图论[12]：图 $G=(V,E,A)$ 表示一个无向图，其中 $V=\{v_1,\cdots,v_n\}$ 表示其节点的集合，$E\subseteq V\times V$ 表示边的集合，权重邻接矩阵为 $A=\begin{bmatrix}a_{ij}\end{bmatrix}$，表示智能体之间的耦合强度，如果智能体 i 与智能体 j 之间发生信息交换，则 $a_{ij}\neq0$，否则 $a_{ij}=0$；在不考虑自环的影响下，对于所有 i 都有 $a_{ii}=0$。在该网络拓扑结构中，对于任意的一对智能体之间 (i,j)，如果 $a_{ij}=a_{ji}$，则该智能体系统为无向图。定义 $d_{ij}=\sum_{j=1}^{n}a_{ij},i=1,2,\cdots,n$，为节点 i 的入度，那么，$D=\begin{bmatrix}d_{ij}\end{bmatrix}$ 是入度矩阵，其中 $d_{ij}=0,i\neq j$。定义图 G 的拉普拉斯矩阵为 $L=D-A$。

对于无向图来说，如果任意两个节点之间都存在一条路径连接这两个节点，那么该无向图是连通图。对于连通图而言，对应的拉普拉斯矩阵 L_n 是对称正半定的，且有 $0=\lambda_1(L_n)\leqslant\lambda_2(L_n)\leqslant\cdots\leqslant\lambda_n(L_n)$，$\lambda_2(L_n)$ 是用来衡量算法收敛速度的重要依据。如果定义：$M=L+\mathrm{diag}[a_{10},a_{20},\ldots,a_{n0}]$，则有 M 是对称正定矩阵。

例如 2.1：存在图 2-7 所示的网络拓扑结构。

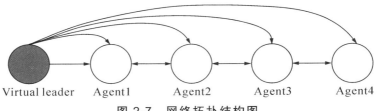

图 2-7　网络拓扑结构图

对于图 2-7，有：

$$A=\begin{bmatrix}0&0&0&0&0\\1&0&0&0&0\\1&1&0&0&0\\1&0&1&0&0\\1&0&0&1&0\end{bmatrix},\ D=\begin{bmatrix}0&&&&\\&1&&&\\&&1&&\\&&&1&\\&&&&1\end{bmatrix},\ L=\begin{bmatrix}0&0&0&0&0\\-1&1&0&0&0\\0&-1&1&0&0\\-1&0&-1&1&0\\0&0&0&-1&1\end{bmatrix}$$

引理 2.1：范数等价性[14]设 $\|x\|_a$、$\|x\|_b$ 是 R^n 上 x 的任意两种范数，则存在两个与 x 无关的正常数 $K_2\geqslant K_1>0$，满足 $K_2\|x\|_b\geqslant\|x\|_a>K_1\|x\|_b$，也称为范数 $\|x\|_b$ 和 $\|x\|_a$ 是等价的。

一致性算法在稳定性证明的过程中需要大量的计算。其本质原因是：被控对象是多系统，所以证明稳定性的过程实质上是对 n 个系统进行稳定性的计算。因此，不能按照传统的证明方法按部就班地代入控制器，代入系统，这样是费时费力的。于是，在数学和控制科学领域中数学基础过硬的人们就试图将证明的过程转化为矩阵的形式。正如我们所知，一个 n 阶的系统按照常规的写法就是 n 行，非常庞大。

但是，转化为矩阵形式以后就是一行等式，简洁明了。矩阵论的快速发展给了数学家和控制理论的先驱者极大的支持，利用矩阵知识证明稳定的方法在不断被应用、研究、发展和进步。图论结合了控制理论、矩阵论，初级的图论帮助我们将大量加法乘法长式子转化为矩阵形式；随着研究的深入，我们发现图论还用来证明系统某些矩阵的正定性和负定性。这即是图论知识的入门理解。

2.4　本章小结

本章阐述了单质点制动模型、多质点制动模型和考虑黏着特性制动模型的机理，图论的基本知识，一致性算法以及卡尔曼滤波技术的基本知识，也介绍了在该模型下制动控制存在的关键问题。图论是研究一致性问题的重要手段，一致性协议下误差系统的收敛性需要用到诸多图论的引理。随后，又计算了二阶系统在标准一致性协议下的收敛性。本书后续工作主要研究在反演滑模跟踪控制器和一致性跟踪控制器的作用下，分布式列车对目标制动曲线的协同跟踪问题。因此，针对不同的制动系统模型，设计高性能的协同跟踪控制器成为本书的主要工作。

参考文献

[1]　王青元，吴鹏，冯晓云，等. 基于自适应终端滑模控制的城轨列车精确停车算法[J]. 铁道学报，2016（2）：56-63.

[2]　于振宇，陈德旺. 城轨列车制动模型及参数辨识[J]. 铁道学报，2011，33（10）：37-40.

[3]　张梦楠，徐洪泽. 基于 Krasovskii 泛函的城轨列车制动控制器设计[J]. 吉林大学学报（工学版），2015，45（1）：104-111.

[4]　张梦楠. 动车组列车自动停车控制[D]. 北京：北京交通大学，2015.

[5]　王天稚. 基于多智能体一致技术的高速列车分布式控制[D]. 北京：北京交通大学，2017.

[6]　赵凯辉，李燕飞，张昌凡，等. 重载机车滑模极值搜索最优粘着控制研究[J]. 电子测量与仪器学报，2018，32（3）：88-95.

[7]　何静，刘光伟，张昌凡，等. 重载机车粘着性能参数的极大似然辨识方法[J]. 电子测量与仪器学报，2017，31（2）：170-177.

[8]　陈哲明. 高速列车驱动制动动力学及其控制研究[D]. 成都：西南交通大学，2010.

[9]　陈哲明，曾京，罗仁. 列车空气制动防滑控制及其仿真[J]. 铁道学报，2009，31（4）：25-31.

[10]　宗长富，潘钊，胡丹，等. 基于扩展卡尔曼滤波的信息融合技术在车辆状态估计中的应用[J]. 机械工程学报，2009，45（10）：272-277.

[11]　武钟财. 基于扩展卡尔曼滤波的路面附着系数估计算法研究[D]. 长春：吉林大学，2008.

[12]　Rong L，Xu S，Zhang B. On the general second-order consensus protocol in multi-agent systems with input delays[J]. Transactions of the Institute of Measurement and Control，2012，34（8）：983-989.

[13]　Zhang C，Han W，Jing H，et al. Consensus Tracking for Multi-Motor System via Observer Based Variable Structure Approach[J]. Journal of the Franklin Institute，2015，352（8）：3366-3377.

[14]　张贤达. 矩阵分析与应用[M]. 北京：清华大学出版社，2013.

第 3 章 基于扩展卡尔曼滤波器的列车测速算法

3.1 引 言

第 2 章介绍了高速列车制动模型和轮轨蠕滑-黏着机理，其中制动算法的设计和蠕滑速度 ω_s 的获取都需准确计算出列车车体速度 v。这是设计有效制动算法、提高黏着利用水平的前提条件。同时，在实际的列车系统中，轮对速度测量的准确性也是一个重要问题[1]。但是实际车体速度难以直接测量，为此采用扩展卡尔曼滤波算法对机车车体速度进行近似估计。随着现代铁路技术的发展，列车运行速度不断提高，车速的测量显得至关重要。

本章主要工作包括两个方面：一是给出了机车动力学模型-轮轨黏着模型的扩展卡尔曼滤波算法，对列车车体速度进行估计，在估计过程中加入了系统噪声和观测噪声，估计效果依然良好；二是车速的获取为制动算法以及考虑黏着特性的制动算法提供了有力的支撑。此外，研究了列车期望黏着目标搜索算法，实现实时蠕滑速度跟踪控制期望蠕滑速度，同时，对于系统中不能直接测量或无法给出精确模型的参数变量，采用滑模观测器获得，以完成整个算法的设计。

3.2 扩展卡尔曼滤波器列车测速算法

3.2.1 模型建立与问题描述

列车车体及轮对动态方程如式[2]：

$$M\dot{v} = F_a - F_r \tag{3-1}$$

$$J\dot{\omega} = R_g T_m - F_a r \tag{3-2}$$

式中，M 为车体质量；v 为车速；F_a 为轮轨黏着力；F_r 为列车所受的阻力；J 为车轮转动惯量；ω 为车轮角速度；T_m 为控制力矩；r 为车轮半径；R_g 为齿轮箱传动比。黏着力为 $F_a = u(\omega_s)Mg$，黏着力矩为 $T_L = F_a r$，列车运行阻力的常规模型表示为

$$F_r = a_0 + a_1 v + a_2 v^2 \tag{3-3}$$

式中，a_0，a_1，a_2 为正实数，由实际运行情况所决定。

对列车车体模型及动力学、牵引电机模型及轮对黏着系数模型进行整理，建立了非线性状态方程：

$$\begin{cases} \dot{\omega} = -\dfrac{r}{J} \cdot M \cdot g \cdot u(\omega, v) + \dfrac{R_g}{J} \cdot T_m \\ \dot{v} = g \cdot u(\omega, v) - \dfrac{1}{M} \cdot (a_0 + a_1 \cdot v + a_2 \cdot v^2) \end{cases} \tag{3-4}$$

其中，g 为重力加速度；r 为车轮半径；ω 为轮对转速；v 为机车车速；R_g 为齿轮箱传动比；M 为机车质量；a_0、a_1、a_2 为阻力系数。

$u(\omega, v)$ 为轮轨间黏着系数，它的经验公式为[3]

$$u(\omega, v) = c \cdot e^{-a(\omega \cdot r - v)} - d \cdot e^{-b(\omega \cdot r - v)} \tag{3-5}$$

其中，a、b、c、d 的设计取决于轨面条件。

对于式(3-4)，系统输入 $\mu = T_m$，测量输出为 $y = \omega$，对系统进行全局离散化，得到离散系统状态方程和输出方程：

$$\begin{cases} \omega(k+1) = \omega(k) + T\left\{ -\dfrac{r}{J} \cdot M \cdot g \cdot u[\omega(k), v(k)] + \dfrac{R_g}{J} \cdot T_m(k) \right\} \\ v(k+1) = v(k) + T\left\{ g \cdot u[\omega(k), v(k)] - \dfrac{1}{M} \cdot [a_0 + a_1 \cdot v(k) + a_2 \cdot v^2(k)] \right\} \end{cases} \tag{3-6}$$

$$y(k+1) = \omega(k+1) \tag{3-7}$$

其中，T 为采样时间间隔，令 $\boldsymbol{x}(k) = [\omega(k),\ v(k)]^T$，$\mu(k) = T_m(k)$，考虑系统噪声和测量噪声，得到标准非线性离散方程：

$$\begin{cases} x_{k+1} = f(x_k, \mu_k) + w_k \\ y_{k+1} = h(x_{k+1}) + v_{k+1} \end{cases} \tag{3-8}$$

式中，w_k 为随机噪声干扰输入；v_{k+1} 为随机量测噪声。w_k，v_{k+1} 是将系统分布参数、干扰及检测误差等不确定因素考虑在内的零均值白噪声，它们与系统的状态和采样时间不相关。

$$\boldsymbol{A}_k = \frac{\partial f(x_k, k)}{\partial x_k} = \begin{bmatrix} \boldsymbol{A}_{11}, & \boldsymbol{A}_{12} \\ \boldsymbol{A}_{21}, & \boldsymbol{A}_{22} \end{bmatrix} \tag{3-9}$$

$$\begin{aligned} \boldsymbol{A}_{11} &= 1 - T \cdot \frac{M \cdot g \cdot r}{J}\left\{ -arc \cdot e^{-a[x(1) \cdot r - x(2)]} + bdr \cdot e^{-b[x(1) \cdot r - x(2)]} \right\} \\ \boldsymbol{A}_{12} &= -T \cdot \frac{M \cdot g \cdot r}{J}\left\{ ac \cdot e^{-a[x(1) \cdot r - x(2)]} - bd \cdot e^{-b[x(1) \cdot r - x(2)]} \right\} \\ \boldsymbol{A}_{21} &= T \cdot g\left\{ -arc \cdot e^{-a[x(1) \cdot r - x(2)]} + bdr \cdot e^{-b[x(1) \cdot r - x(2)]} \right\} \\ \boldsymbol{A}_{22} &= 1 - T \cdot \frac{a_1}{M} - 2T \cdot \frac{a_2}{M} x(2) + T \cdot g\left\{ ac \cdot e^{-a[x(1) \cdot r - x(2)]} - bd \cdot e^{-b[x(1) \cdot r - x(2)]} \right\} \end{aligned} \tag{3-10}$$

$$H(k) = \frac{\partial h(x_k)}{\partial x_k} = \begin{bmatrix} 1 & 0 \end{bmatrix} \tag{3-11}$$

本章的控制目标：设计扩展卡尔曼滤波算法得到列车的运行速度，为后续制动算法的研究工作提供支持。

3.2.2   基于滑模观测器的变量估计

在高速列车运行过程中，由于环境因素和自身结构参数具有很强的时变性，特别是轮轨间的黏着特性的变化，而黏着控制算法的设计往往是在获取轮轨间实时黏着情况下进行的，那么如何实时观测轮轨黏着系数的变化尤为重要。不管是客运列车，还是载物列车，由于车体本身质量较大，其运行状态具有较大的惯性，在运行速度较快的情况下，难以采用直接测量的方法去获取黏着力、黏着系数及其导数等实时数据，所以大多都是通过其他间接估计的方法得到数据[4, 5]。本书基于轮轨黏着系数模型设计出了关于期望跟踪目标搜索算法，依据高速列车运行中轮轨状态变化，设定期望目标区域，并建立约束条件和设计搜索步长变化，获取轮轨间黏着系数的最优值。由于设计的变步长搜索算法涉及黏着力和黏着系数等难以直接测量的数据，故采用滑模观测器间接获取这些量[6]。

选取状态变量：$x_1 = \omega$，$x_2 = T_L$。由式(3-2)可得如下状态方程：

$$\begin{cases} \dot{x}_1 = \dfrac{1}{J} R_g T_m - \dfrac{1}{J} x_2 \\ \dot{x}_2 = T_L \end{cases} \tag{3-12}$$

黏着力的滑模观测器设计为

$$\dot{\hat{x}}_1 = \frac{1}{J} R_g T_m + \eta_1 \operatorname{sgn}(x_1 - \hat{x}_1) \tag{3-13}$$

其中，$\hat{x}_1$ 是 x_1 的观测值；η_1 为待设计的常数；sgn 为符号函数。

定义上述观测器的偏差为 $e_1 = x_1 - \hat{x}_1$，则有

$$\begin{aligned} \dot{e}_1 &= -\frac{1}{J} x_2 - \eta_1 \operatorname{sgn}(e_1) \\ &= -\frac{1}{J} T_L - \eta_1 \operatorname{sgn}(e_1) \end{aligned} \tag{3-14}$$

设李雅普诺夫函数为 $V_3 = \dfrac{1}{2} e_1^2$，则有

$$\begin{aligned} \dot{V}_3 &= -\frac{1}{J} e_1 T_L - \eta_1 |e_1| \leqslant |e_1| \left\| \frac{1}{J} T_L \right| - \eta_1 |e_1| \\ &= |e_1| \left(\left| \frac{1}{J} T_L \right| - \eta_1 \right) \end{aligned} \tag{3-15}$$

只要 η_1 足够大，使得 $\eta_1 \geqslant |\frac{1}{J}T_L| + \eta_2$，$\eta_2 > 0$，则有 $\dot{V}_3 = e_1\dot{e}_1 \leqslant -\eta_2 |e_1|$，系统满足滑模成立条件并且到达滑模面后，由滑模等值原理得：

$$e_1 = \dot{e}_1 = 0$$

根据式(3-14)有

$$\hat{T}_L = -J\eta_1 \operatorname{sgn}(e_1) \tag{3-16}$$

根据式 $F_a = u(\omega_s)Mg$ 及式(3-16)可得黏着系数的估计为

$$\hat{u} = \frac{1}{Mgr}\hat{T}_L = -\frac{1}{Mgr}J\eta_1 \operatorname{sgn}(e_1) \tag{3-17}$$

黏着系数导数的滑模观测器设计为[7]

$$\begin{cases} \dot{\hat{x}}_1 = \frac{1}{J}R_gT_m - \frac{1}{J}\hat{x}_2 + \varphi_1 \operatorname{sgn}(x_1 - \hat{x}_1) \\ \dot{\hat{x}}_2 = \varphi_2 \operatorname{sgn}(x_2 - \hat{x}_2) \end{cases} \tag{3-18}$$

式中，$\hat{x}_1$、$\hat{x}_2$ 分别是 x_1、x_2 的观测值；φ_1、φ_2 为待设计的常数；sgn 为符号函数。

定义上述观测器的偏差为 $e_1 = x_1 - \hat{x}_1$，$e_2 = x_2 - \hat{x}_2$。

由式(3-12)和式(3-18)知：

$$\dot{e}_1 = -\frac{1}{J}e_2 - \varphi_1 \operatorname{sgn}(x_1 - \hat{x}_1) \tag{3-19}$$

$$\dot{e}_2 = \dot{T}_L - \varphi_2 \operatorname{sgn}(x_2 - \hat{x}_2) \tag{3-20}$$

由上述关于黏着力观测器的证明可推：

$$e_2 = -J\varphi_1 \operatorname{sgn}(e_1) \tag{3-21}$$

再选取李雅普诺夫函数 $V_4 = \frac{1}{2}e_2^2 + V_3$，则有

$$\begin{aligned} \dot{V}_4 &= e_2\dot{e}_2 + \dot{V}_3 \leqslant e_2\dot{e}_2 \\ &= e_2\dot{T}_L - \varphi_2 |e_2| \\ &\leqslant |e_2|(\dot{T}_L - \varphi_2) \end{aligned} \tag{3-22}$$

只要 φ_2 足够大，使得 $\varphi_2 \geqslant |\dot{T}_L| + \sigma$，$\sigma > 0$，则有 $\dot{V}_4 \leqslant -\sigma |e_2|$，系统满足滑模成立条件并且到达滑模面后，由滑模等值原理得：

$$e_2 = \dot{e}_2 = 0$$

由式(3-20)有

$$\hat{T}_L = \varphi_2 \, \text{sgn}(e_2) \tag{3-23}$$

根据式 $F_a = u(\omega_s)Mg$ 及式(3-23)可得黏着系数导数的估计为

$$\hat{u} = \frac{1}{Mgr}\hat{T}_L = \frac{1}{Mgr}\varphi_2 \, \text{sgn}(e_2) \tag{3-24}$$

其中，e_2 由式（3-18）求出。

3.2.3　期望蠕滑速度的搜索算法

对于轮轨间期望黏着特性搜索算法来说，搜索算法的搜索目的就是要得到高速列车的黏着系数期望值，并使之保持在黏着区峰值点附近，这样便能最大化轮轨黏着利用率。本书是以搜索期望蠕滑速度为控制目标，基于轮轨黏着系数模型设计搜索算法，搜索列车实时路况下的期望黏着工作点[8]。对于控制目标搜索算法，目前有多种搜索算法被广泛应用于各种领域，只是搜索功能、搜索速度和搜索精度上有所差别。其中，搜索速度和搜索精度的好坏在很大程度上取决于搜索步长的设定。若采用固定步长的搜索算法来搜索期望蠕滑速度，那么对于设定过大的搜索步长而言，会严重降低搜索期望蠕滑速度的精度；而对于设定过小的搜索步长而言，又会使搜索期望蠕滑速度的时间变慢。由于固定步长搜索算法存在搜索精度和搜索时间两者无法调和的矛盾，很大程度上限制了它在实际工程中的应用。变步长搜索算法的步长设定是实时更新的，可用于快速搜索期望蠕滑速度，它调和了固定步长在搜索时间和精度上的矛盾。

根据高速列车所处黏着状态的不同，所采取的黏着控制策略也不同。当高速列车轮轨间的蠕滑速度处在黏着区时，所采取的控制策略为黏着优化控制，它逐步提高了轮轨间的黏着力，达到最优值，实现最优黏着控制；而再黏着控制是列车的起始工作点位于滑动区，此时蠕滑速度过大，轮轨间黏着系数急剧下降，这时需要适当地减小控制力矩，降低蠕滑速度，使黏着系数恢复到黏着区峰值点附近，以保证列车稳定、安全运行。

期望跟踪目标的设定将直接决定着所设计的黏着控制策略控制效果的好坏。本书所选取的期望黏着工作区域不再把黏着特性曲线的峰值点当作期望黏着工作点并进行跟踪控制，因为对于黏着特性曲线的峰值点而言，它处于黏着区与滑动区交界处，很容易造成车轮打滑，同时对轨面和车轮的磨损也会加重，这就会使高速列车的安全性大大降低。与以往的选取单一峰值点作为期望工作点不同，本书选取在黏着区内靠近黏着曲线峰值点的一个小区域作为目标区域，如图 3-1 所示。

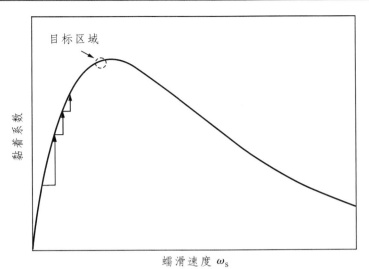

图 3-1　控制目标变步长搜索

对于期望跟踪目标的获取，不再单一地把黏着特性曲线峰值点看作期望黏着点；而是在黏着区内选取黏着曲线峰值点附近的一个区域作为期望黏着区域[9]。

考虑式：

$$\frac{\mathrm{d}u}{\mathrm{d}\omega_\mathrm{s}} = \frac{1}{Mg}\frac{\mathrm{d}F_\mathrm{a}}{\mathrm{d}\omega_\mathrm{s}} = \frac{1}{Mgr}\frac{\mathrm{d}T_\mathrm{L}}{\mathrm{d}\omega_\mathrm{s}} \tag{3-25}$$

该最优黏着区域处于黏着区内，可以转化为如下的约束条件：

$$0 < \frac{\mathrm{d}T_\mathrm{L}}{\mathrm{d}\omega_\mathrm{s}} \leqslant \delta \tag{3-26}$$

其中，δ 为很小的正数。该约束条件既可以保证列车工作点位于黏着区域内，又可以提高黏着利用率。

变步长搜索算法就是根据黏着特性曲线的梯度变化来改变搜索步长。由于黏着特性曲线的初始阶段和远离黏着峰值点的滑动区，轮轨间黏着特性曲线的梯度变化很小。此时，若采用变步长搜索算法，会使得整个搜索时间变长，因为较小梯度变化会对搜索时间产生不利影响。考虑上述情况，本书在原有的变步长搜索算法的基础上，提出了一种改进的变步长搜索算法，步长设定为：当判定列车实际运行的黏着工作点远离黏着峰值点时，采用较大的固定步长展开搜索，这样可以缩短搜索时间，加快靠近目标区域；当判定列车实际黏着工作点靠近黏着峰值点时，采用适当的变步长搜索目标区域，这样可以提高搜索目标区域的精度。综上所述，采用这种搜索策略的关键在于搜索步长变化节点的选择，下面给出了一种合适的搜索步长变化的分界条件。

变步长搜索策略设计如下[10]：

（1）若 $(u - \dot{u})\dot{u} < 0,\ \omega_\mathrm{s}^*(k+1) = \omega_\mathrm{s}^*(k) + \alpha$

（2）若 $(u-\dot{u})\dot{u} \geqslant 0, \omega_s^*(k+1)=\omega_s^*(k)+\alpha\dfrac{\mathrm{d}T_L}{\mathrm{d}\omega_s}$

（3）若 $0<\dfrac{\mathrm{d}T_L}{\mathrm{d}\omega_s}\leqslant\delta, \omega_s^*(k+1)=\omega_s^*(k)$

式中，α 为搜索步长的权值，它根据实际情况来确定；δ 为很小的正数；黏着力矩 T_L、黏着系数 u 及其导数由上面设计的观测器获取相应的数据。

变步长搜索算法的搜索流程如图 3-2 所示，其搜索过程主要依赖于黏着特性曲线的梯度变化来完成搜索过程。变步长搜索算法不受复杂多变的列车运行环境影响，只与黏着特性曲线模型参数有关，可以完成对期望目标的搜索。

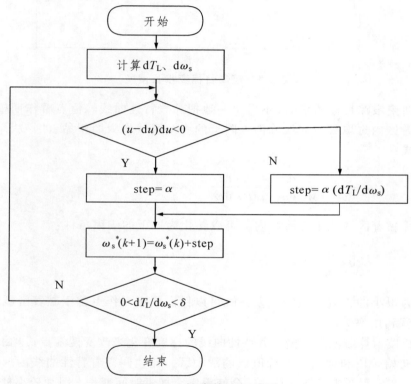

图 3-2 搜索算法框架图

综上所述，总结期望控制目标估计算法的步骤如下：

（1）由式(3-4)、式(3-5)建立轮轨动力学模型以及黏着系数模型；

（2）将高速列车轮轨动力学模型全局离散化，引入扩展卡尔曼滤波器，估计列车车速 v、轮对转速 $\omega \cdot r$；

（3）分别设计不同的滑模观测器估计得到轮轨黏着系数以及黏着系数导数；

（4）设计变步长搜索算法来跟踪、获取期望蠕滑速度。

3.3　仿真验证及结果分析

3.3.1　基于 EKF 列车状态估计

本节基于 MATLAB 仿真实验平台模拟列车的牵引过程。模型参数如表 3-1 所示；列车所受外部阻力选取为[11]

$$F_r = 0.180\,9 + 0.112\,2v + 0.002\,6v^2$$

表 3-1　高速列车系统参数

参　　数	数　　值
车轮转动惯量 $J/$（kg/m^2）	240
车轮半径 r/m	0.5
列车车体质量 M/kg	9 870

为模拟实际轨面情况，在黏着特性曲线上加一个方差为 0.001 的高斯白噪声作为干扰。系统输入为 T_m，开始时 T_m 线性增加，斜率为 33 N·m/s；在 $t = 10\,\text{s}$ 时，T_m 斜率增加为 100 N·m/s。算法参数设置为 $\hat{\boldsymbol{x}}_0 = [0\ \ 0]^T$，$\boldsymbol{P}_0 = 10^5 \text{diag}([1;1])$，采样时间 $t = 0.01\,\text{s}$，测量噪声的方差为 0.01。

从车体速度和轮对速度的估计结果（见图 3-3 ~ 图 3-6）可以看出，在 $t=10\,\text{s}$ 时牵引转矩发生了突变，EKF 算法能准确跟踪上机车和轮对的速度；在 $t=19\,\text{s}$ 左右时牵引电机输出转矩超过了轮轨间能够提供的最大黏着力，轮对发生空转。

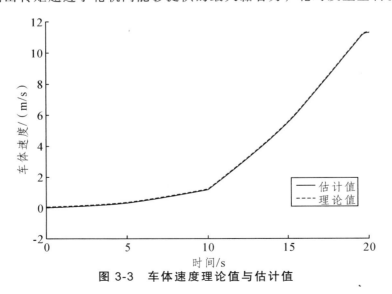

图 3-3　车体速度理论值与估计值

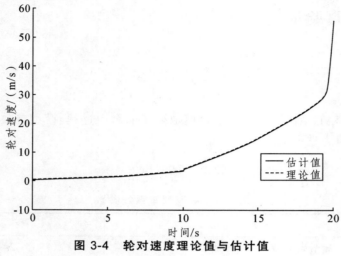

图 3-4　轮对速度理论值与估计值

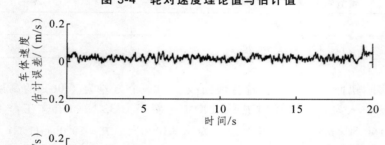

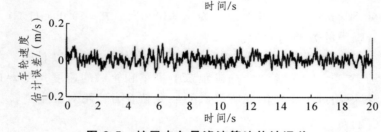

图 3-5　扩展卡尔曼滤波算法估计误差

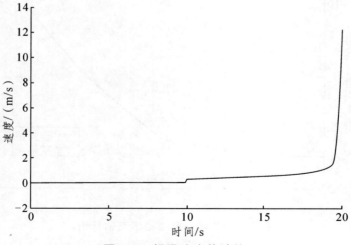

图 3-6　蠕滑速度估计值

根据 EKF 算法得到如图 3-6 所示的机车牵引过程中蠕滑速度变化曲线。在 $t=10$ s 时，随着牵引转矩发生突变，机车蠕滑速度和轮轨黏着系数也发生了相应的突变；$t=19$ s 左右时由于轮对发生了空转，蠕滑速度开始剧增。

图 3-7 所示为机车牵引过程中黏着系数变化曲线。在 $0 \sim 10$ s 内，黏着系数随着时间的推移稳步增长，在 $t=10$ s 时，由于牵引转矩发生突变，机车轮轨黏着系数也发生了相应的突变；在 $t=19$ s 左右时轮对发生了空转，黏着系数开始剧烈下降。

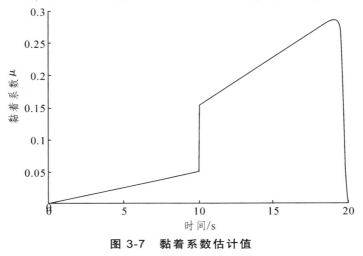

图 3-7　黏着系数估计值

3.3.2　期望搜索目标算法仿真验证

为了验证本书设计的变步长搜索算法在搜索速度及精度方面的优势，将在相同轨面条件下，分别采用定步长搜索、变步长搜索和本书设计的变步长搜索算法对期望黏着工作点进行搜索，搜索结果如图 3-8 ~ 图 3-10 所示。其中，搜索步长权值 α 取 0.02，

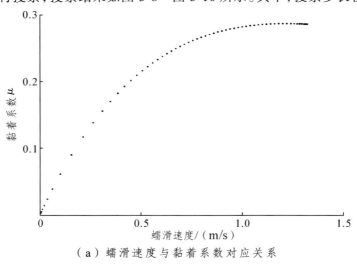

（a）蠕滑速度与黏着系数对应关系

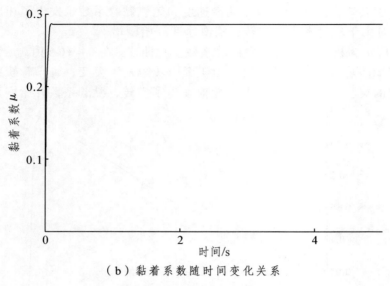

（b）黏着系数随时间变化关系

图 3-8　定步长搜索结果

定步长搜索在 t=0.218 s，取得最优黏着系数 0.285 1；变步长搜索在 t=2.182 s，取得最优黏着系数 0.286 0；本书设计的变步长搜索在 t=0.518 s，取得最优黏着系数 0.286 0。从仿真结果可以得到，虽然本书设计的变步长搜索算法的搜索速度没有定步长快，但是提高了搜索精度；同时与变步长搜索算法相比，本书设计的变步长搜索算法在搜索时间方面具有明显的优势。

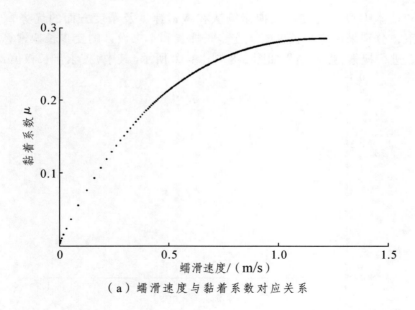

（a）蠕滑速度与黏着系数对应关系

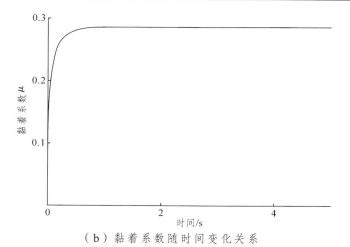

（b）黏着系数随时间变化关系

图 3-9　变步长搜索结果

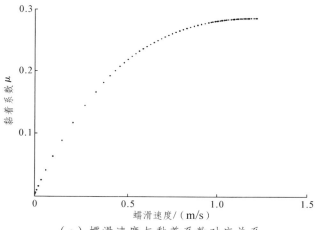

（a）蠕滑速度与黏着系数对应关系

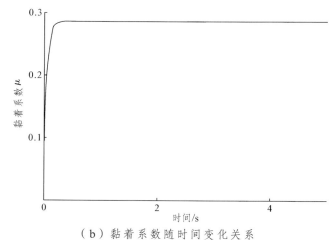

（b）黏着系数随时间变化关系

图 3-10　本书设计的变步长搜索结果

3.4　本章小结

    首先在分析列车牵引系统的基础上，对列车非线性模型进行离散化，采用扩展卡尔曼滤波器估计了机车车体速度、轮对速度以及由此得出蠕滑速度估计值，由理论分析和仿真验证得到：基于扩展卡尔曼滤波算法的设计，不仅实现了对机车车体速度和轮对速度的实时估计，而且为搜索期望蠕滑速度提供了准确的数据。本章的研究工作为下面的高速列车制动算法和黏着控制策略的设计做了准备。

参考文献

[1]　Pichlik P，Zdenek J. Train velocity estimation by extended Kalman filter[C]. International Conference on Electronics. IEEE，2017，3012-3022.

[2]　陆宽. 基于鲁棒与自适应容错的高速列车粘着控制研究[D]. 北京：北京交通大学，2015.

[3]　杨婉青. 高速列车自适应主动防滑牵引与制动控制[D]. 北京：北京交通大学，2015.

[4]　Kawamura A，Takeuchi K，Furuya T，et al. Measurement of the tractive force and the new adhesion control by the newly developed tractive force measurement equipment [J]. Power Conversion Conference，2002，2（13）：879-884.

[5]　林文立，刘志刚，方攸同. 地铁列车牵引传动再粘着优化控制策略[J]. 西南交通大学学报，2012，47（3）：465-470.

[6]　顾博川. 不确定系统状态估计及其在粘着控制中的应用[D]. 成都：西南交通大学，2011.

[7]　Zhang C，Sun J，He J，et al. Online Estimation of the Adhesion Coefficient and Its Derivative Based on the Cascading SMC Observer[J]. Journal of Sensors. 2017，2017（5）：1-11.

[8]　赵凯辉，李燕飞，张昌凡，等. 重载机车滑模极值搜索最优粘着控制研究[J]. 电子测量与仪器学报，2018（3）：88-95.

[9]　来海森. 基于 RBF 网络逼近与鲁棒容错的列车自适应粘着控制[D].北京：北京交通大学，2016.

[10]　何静，何云国，张昌凡，等.EKF 在机车最优黏着控制中的应用[J]. 电子测量与仪器学报. 2019，33（2）：25-31.

[11]　Pichlík P，Zdĕnek J. Dependence of Locomotive Adhesion Force Estimation by a Kalman Filter on the Filter Settings[J]. Procedia Engineering. 2017，192（12）：695-700.

第 4 章 具有输入时滞的动车组的 Back-Stepping （反演）滑模制动算法

4.1 引 言

第 2 章介绍了具有输入时滞的单质点动车组的制动模型。在此基础上，本章对制动控制器进行深入研究。制动时，ATO 依靠高性能的制动控制器实现对目标制动曲线的高精度跟踪，进而实现精准制动。影响跟踪精度的主要因素有以下两个方面：其一，未知的外部扰动严重影响着制动精度；其二，制动装置施加的制动力需要经过一个过程才能达到目标值，对该过渡过程处理的好坏也直接影响着制动的精度[1]。为处理制动装置的延迟，科研工作者采用 Pade 逼近的方式将时滞环节线性化，但该方式在模型精准度上有一定不足[2]。对于未知的扰动大多文献采用引入自适应机制。本章引入非奇异线性变化，在保留模型准确性的基础上利用控制输入补偿时滞带来的影响，设计扩张观测器对扰动及其高阶导数进行观测。

本章工作安排如下：首先，引入去时滞的非奇异线性变换公式[3]，将系统数学模型转化为无时滞的能控标准型系统，该变换有效保持了模型的精准性；然后，设计扩张扰动观测器，实时观测由基本运行阻力和附加阻力组成的复合不确定项和其导数，并设计 Back-Stepping（反演）滑模变结构控制器对位置和速度进行精确跟踪。值得一提的是，扩张观测器不仅对非匹配不确定的扰动进行了有效观测，同时也简化了反演控制器的设计过程。最后，利用 MATLAB 对基于反演滑模的制动控制算法进行了仿真验证，并设计进行对比仿真实验，分别比较了未处理时滞的 PID 控制器与反演滑模跟踪控制器在跟踪性能上的优劣性。

4.2 反演滑模制动算法

4.2.1 模型建立与问题描述

针对制动系统的数学模型(2-5)：将式（2-5）写为状态方程的标准形式[4]：

$$\begin{cases} \dot{x}_1 = x_2 \\ \dot{x}_2 = x_3 + d(t) \\ \dot{x}_3 = -1/Tx_3 + 1/Tu(t-\tau) \end{cases} \tag{4-1}$$

其中，x_1 为列车的位置；x_2 为列车的行驶速度；x_3 为制动装置产生的加速度；$d(t)$ 为运行阻力产生的加速度。于是得到控制系统框图 2-1。

本章的控制目标是，利用非奇异线性变换将状态方程变无时滞的标准型，设计反演滑模变结构控制器，实现列车对目标制动曲线的跟踪，即满足式(4-2)。

$$\lim_{t \to \infty} \|v - v_r\| = 0 \tag{4-2}$$

标注 4.1：在本章的数学模型中，需特别强调一下输入时滞。动车组的制动控制中存在输入的时滞现象，现有研究制动算法的文献也都对该问题进行了建模，作为制动控制算法中待解决的关键问题。然而，值得一提的是，现有文献都是采用 Pade 逼近，这种处理方法较好地解决了控制作用的滞后现象。然而 Pade 逼近忽略高阶的非线性部分，这在一定程度上丧失了模型精度。这却为我们的研究工作提供了机遇，如何在不破坏模型精准性的前提下设计跟踪控制器，是本书研究工作的创新之处。

4.2.2　无时滞非奇异线性变换

把式(4-1)写成矩阵形式，得到式(4-3)：

$$\dot{x} = Ax + B_1 u(t-\tau) + F \tag{4-3}$$

式中，$A = \begin{bmatrix} 0 & 1 & 0 \\ 0 & 0 & 1 \\ 0 & 0 & -1/T \end{bmatrix}$，$B_1 = \begin{bmatrix} 0 \\ 0 \\ 1/T \end{bmatrix}$，$F = \begin{bmatrix} 0 \\ 1 \\ 0 \end{bmatrix} d(t)$

对系统(4-3)做如下非奇异变换[5]，得到式(4-4)：

$$z(t) = x(t) + \int_{t-\tau}^{t} e^{-A(t-\tau-h)} B_1 u(h) dh \tag{4-4}$$

对式(4-4)，两边关于 t 求微分并代入式(4-3)：

$$z(t) = x(t) + \int_{t-\tau}^{t} e^{-A(t-\tau-h)} B_1 u(h) dh$$

$$\dot{z}(t) = \dot{x}(t) + \frac{d\left[\int_{t-\tau}^{t} e^{-A(t-\tau-h)} B_1 u(h) dh \right]}{dt}$$

$$= \dot{x}(t) + A \int_{t-\tau}^{t} e^{-A(t-\tau-h)} B_1 u(h) dh + e^{-A\tau} B_1 u(t) - B_1 u(t-\tau)$$

$$= Ax(t) + B_1 u(t-\tau) + F + A \int_{t-\tau}^{t} e^{-A(t-\tau-h)} B_1 u(h) dh + e^{-A\tau} B_1 u(t) - B_1 u(t-\tau)$$

$$= A\left[x(t) + \int_{t-\tau}^{t} e^{-A(t-\tau-h)} B_1 u(h) dh \right] + \left(e^{-A\tau} B_1 \right) u(t) + F \tag{4-5}$$

则系统(4-1)可以化为线性无时滞系统(4-6)：

$$\dot{z}(t) = Az(t) + Bu(t) + F \tag{4-6}$$

式中，$B = \mathrm{e}^{-A\tau}B_1$。

4.2.3 反演滑模控制器设计

对系统(4-6)做如下坐标变换：

$$w(t) = Tz(t) \tag{4-7}$$

式中，$T = (QW)^{-1}$。

$$Q = [b \quad Ab \quad A^2b], \quad W = \begin{bmatrix} a_1 & a_2 & \cdots & 1 \\ a_2 & \cdots & 1 & \cdots \\ \cdots & 1 & \cdots & 0 \\ 1 & \cdots & 0 & 0 \end{bmatrix}$$

上式中：$a_1, a_2, \ldots, a_n$ 为系统的系统矩阵 A 的特征方程的系数。于是，对系统(4-6)采用坐标变换(4-7)，得到系统的能控标准型(4-8)：

$$\dot{x} = \begin{bmatrix} 0 & 1 & 0 \\ 0 & 0 & 1 \\ 0 & 0 & -1/T \end{bmatrix}x + \begin{bmatrix} 0 \\ 0 \\ 1 \end{bmatrix}u(t) + \begin{bmatrix} a \\ b \\ c \end{bmatrix}d(t) \tag{4-8}$$

式中，$[a \quad b \quad c]^T d(t) = T[0 \quad 1 \quad 0]d(t)$。

反演设计方法[6, 7]的思想是将复杂的高阶系统分解为不超过系统原有阶数的子系统，然后对每个系统分别设计李雅普诺夫函数和中间虚拟控制量，直到设计的虚拟控制量后退到系统最高阶的输入，此时控制量覆盖整个控制系统，即完成了整个控制率的设计。依据该方案设计的控制器因控制精度高而被广泛应用于跟踪控制器的设计中。

作为变结构控制的分支[8]，滑模控制因其具备收敛速度快、对参数摄动不敏感、干扰抑制能力强等诸多优点而被广泛研究和应用，为提高系统的收敛速度和鲁棒性，取反演最后一步的误差作为滑模面，并使用指数趋近律，设计基于 Back-Stepping 的滑模控制器。

整理式(4-8)得到式(4-9)：

$$\begin{cases} \dot{x}_1 = x_2 + d_1 \\ \dot{x}_2 = x_3 + d_2 \\ \dot{x}_3 = -1/Tx_3 + u + d_3 \end{cases} \tag{4-9}$$

式中：$d_1 = ad(t), d_2 = bd(t), d_3 = cd(t)$。

定义误差系统的控制误差为

$$\begin{cases} e_1 = x_1 - x_r \\ e_2 = x_2 - \gamma_1 \\ e_3 = x_3 - \gamma_2 \end{cases} \tag{4-10}$$

式中：x_r 为位移的目标值；γ_1，γ_2 为第一步和第二步期望的虚拟控制量。

步骤 1：考虑闭环系统(4-9)的第一个子系统 $\dot{x}_1 = x_2 + d_1$，对 e_1 求导。

$$\dot{e}_1 = \dot{x}_1 - \dot{x}_r = e_2 + \gamma_1 + d_1 - \dot{x}_r \tag{4-11}$$

设计的虚拟控制量为

$$\gamma_1 = -\hat{d}_1 + \dot{x}_r - c_1 e_1 \tag{4-12}$$

证明 1：设计李雅普诺夫功能函数 V_1，证明误差 e_1 是稳定的，在有限时间收敛到零。

$$V_1 = \frac{1}{2} e_1^2 \tag{4-13}$$

对李雅普诺夫函数求导，并代入误差方程的表达式：

$$\begin{aligned} \dot{V}_1 &= e_1 \dot{e}_1 \\ \dot{V}_1 &= e_1 (e_2 + \gamma_1 + \hat{d}_1 - \dot{x}_r) \end{aligned} \tag{4-14}$$

将虚拟控制量(4-12)代入式(4-14)得：

$$\begin{aligned} \dot{V}_1 &= e_1 \dot{e}_1 \\ \dot{V}_1 &= e_1 (e_2 - c_1 e_1) \\ \dot{V}_1 &= e_1 e_2 - c_1 e_1^2 \end{aligned} \tag{4-15}$$

如上表达式所示：c_1 是一个带设计的正常数，当 $e_2 = 0$ 时，$\dot{V}_1 = e_1 e_2 - c_1 e_1^2 \leqslant 0$，即该系统稳定，故需要对下一个子系统进行设计。

步骤 2：考虑闭环系统(4-9)的第二个子系统 $\dot{x}_2 = x_3 + d_2$，对 e_2 求导。

$$\dot{e}_2 = \dot{x}_2 - \dot{\gamma}_1 = e_3 + \gamma_2 + d_2 - \dot{\gamma}_1 \tag{4-16}$$

设计虚拟控制量为

$$\gamma_2 = -\hat{d}_2 + \dot{\gamma}_1 - k_2 e_2 - e_1 \tag{4-17}$$

证明 2：设计李雅普诺夫功能函数 V_2，证明误差 e_2 是稳定的，在有限时间收敛到零。

$$V_2 = V_1 + \frac{1}{2} e_2^2 \tag{4-18}$$

对李雅普诺夫函数求导，并代入误差方程的表达式：

$$\dot{V}_2 = \dot{V}_1 + e_2 \dot{e}_2$$
$$\dot{V}_2 = \dot{V}_1 + e_2 \left(e_3 + \gamma_2 + d_2 - \dot{\gamma}_1 \right) \tag{4-19}$$

将虚拟控制量(4-17)代入式(4-19)得

$$\dot{V}_2 = \dot{V}_1 + e_2 \dot{e}_2$$
$$\dot{V}_2 = e_1 e_2 - c_1 e_1^2 + e_2 \left(e_3 - c_2 e_2 - e_1 \right) \tag{4-20}$$
$$\dot{V}_2 = e_2 e_3 - c_1 e_1^2 - c_2 e_2^2$$

如上表达式所示：c_1, c_2 是待设计的正常数，当 $e_3 = 0$ 时，$\dot{V}_2 = e_2 e_3 - c_1 e_1^2 - c_2 e_2^2 \leqslant 0$，即该系统稳定，故需要对下一个子系统进行设计。

步骤 3：考虑闭环系统(4-9)的第三个子系统 $\dot{x}_3 = -1/Tx_3 + u + d_3$，对 e_3 求导。

$$\dot{e}_3 = \dot{x}_3 - \dot{\gamma}_2 = -1/Tx_3 + u + d_3 - \dot{\gamma}_2 \tag{4-21}$$

为了提高系统的收敛速度和鲁棒性，选取滑模面 $S = e_3$，并选取指数趋近律 $\dot{S} = -\eta \operatorname{sgn}(S) - kS$，设计控制器输出：

$$u = 1/Tx_3 - \hat{d}_3 + \dot{\gamma}_2 - e_2 - \eta \operatorname{sgn}(S) - kS \tag{4-22}$$

证明 3：设计李雅普诺夫功能函数 V_3，证明误差 e_3 是稳定的，在有限时间内收敛到零。

$$V_3 = V_2 + \frac{1}{2} S^2 \tag{4-23}$$

对李雅普诺夫函数求导，并代入误差方程的表达式：

$$\begin{aligned} \dot{V}_3 &= \dot{V}_2 + S\dot{S} \\ &= e_2 e_3 - c_1 e_1^2 - c_2 e_2^2 + S\dot{e}_3 \\ &= e_2 e_3 - c_1 e_1^2 - c_2 e_2^2 + S\left(-1/Tx_3 + d_3 + u - \dot{\gamma}_2 \right) \end{aligned} \tag{4-24}$$

将设计的控制器(4-22)代入式(4-24)：

$$\begin{aligned} \dot{V}_3 &= \dot{V}_2 + S\dot{S} \\ &= e_2 e_3 - c_1 e_1^2 - c_2 e_2^2 + S\dot{e}_3 \\ &= e_2 e_3 - c_1 e_1^2 - c_2 e_2^2 + S\left(-1/Tx_3 + u - \dot{\gamma}_2 \right) \\ &= -c_1 e_1^2 - c_2 e_2^2 + S\left[-\eta \operatorname{sgn}(S) - kS \right] \\ &= -c_1 e_1^2 - c_2 e_2^2 - \eta |S| - kS^2 < 0 \end{aligned} \tag{4-25}$$

至此，控制器稳定性证明完毕。

4.2.4　扰动扩张观测器设计

在控制器设计中，反演法的应用较好地提高了控制器的跟踪精度，但在每一步虚拟控制率的求解过程中，非线性的扰动含有状态变量，导致虚拟控制率的设计异常复杂；同时，为了保证制动过程中面对较大扰动时跟踪的精确性和制动效果的舒适性，拟采用一种新型扩张观测器对扰动及其高阶导数进行观测。将观测值作为一个整体代入控制器的设计过程。

假设 4.1：制动过程中的扰动是有界的，且其一阶导数和二阶导数也是有界的。

$$\left\| d_1 \right\|_2 < \mu_1; \left\| d_1^j \right\|_2 < \mu_n \tag{4-26}$$

构造如下观测器[9]：

$$\begin{cases} \hat{d} = p_1 + l_1 x_1 \\ \dot{p}_1 = -l_1 \left(x_2 + \hat{d} \right) + \hat{\dot{d}} \end{cases}$$

$$\begin{cases} \hat{\dot{d}} = p_2 + l_2 x_1 \\ \dot{p}_2 = -l_2 \left(x_2 + \hat{d} \right) + \hat{\ddot{d}} \end{cases} \tag{4-27}$$

$$\begin{cases} \hat{\ddot{d}} = p_3 + l_3 x_1 \\ \dot{p}_3 = -l_3 \left(x_2 + \hat{d} \right) \end{cases}$$

其中，$\hat{d}, \hat{\dot{d}}, \hat{\ddot{d}}$ 分别为 $d, \dot{d}, \ddot{d}$ 的观测值；p_1, p_2, p_3 为 3 个辅助变量；l_1, l_2, l_3 分别为待设计常数。

定义观测器的误差为

$$\begin{cases} \tilde{d} = d - \hat{d} \\ \tilde{\dot{d}} = \dot{d} - \hat{\dot{d}} \\ \tilde{\ddot{d}} = \ddot{d} - \hat{\ddot{d}} \end{cases} \tag{4-28}$$

对 $\tilde{d}$ 求导，并代入式(4-27)得

$$\begin{aligned} \dot{\tilde{d}} &= \dot{d} - \hat{\dot{d}} = \dot{d} - \left(\dot{p}_1 + l_1 \dot{x}_1 \right) \\ &= \dot{d} - [-l_1 (x_2 + \hat{d}) + \hat{\dot{d}} + l_1 \dot{x}_1] \\ &= \dot{d} + l_1 (x_2 + \hat{d}) - \hat{\dot{d}} - l_1 \dot{x}_1 \\ &= \dot{d} + l_1 (x_2 + \hat{d}) - \hat{\dot{d}} - l_1 (x_2 + d) \\ &= \tilde{\dot{d}} - l_1 \tilde{d} \end{aligned} \tag{4-29}$$

同理得到式(4-30)：

$$\dot{\tilde{d}} = \tilde{\ddot{d}} - l_2\tilde{d}$$

$$\dot{\tilde{\ddot{d}}} = \tilde{\ddot{d}} - l_3\tilde{d} \qquad (4\text{-}30)$$

整理得

$$\begin{cases} \dot{\tilde{d}} = \tilde{\dot{d}} - l_1\tilde{d} \\ \dot{\tilde{\dot{d}}} = \tilde{\ddot{d}} - l_2\tilde{d} \\ \dot{\tilde{\ddot{d}}} = \tilde{\dddot{d}} - l_3\tilde{d} \end{cases} \qquad (4\text{-}31)$$

定义观测器误差为状态变量 $\tilde{z}_1 = \left[\tilde{d}, \tilde{\dot{d}}, \tilde{\ddot{d}} \right]^{\mathrm{T}}$。

则得到状态方程:

$$\dot{\tilde{z}}_1 = A\tilde{z}_1 + B\tilde{\dddot{d}} \qquad (4\text{-}32)$$

其中, $\quad A = \begin{bmatrix} -l_1 & 1 & \\ -l_2 & & 1 \\ -l_3 & & \end{bmatrix}$, $\quad B = \begin{bmatrix} 0 \\ 0 \\ 1 \end{bmatrix}$。

如果上述系统(4-32)是渐进稳定的,则观测误差会收敛到 0。通过对参数 l_1, l_2, l_3 进行设计,使得矩阵 A 的特征值均位于坐标系的左半开平面,即特征根均具有负实部,则上述系统渐进稳定[10],故设计的观测器可以实现对扰动及其导数的观测作用。至此,观测器稳定性证明完毕。

标注 4.2: 本书引入扩展扰动观测器,不仅是为了获取扰动的估计数值,还是为了简化反演控制的复杂程度。在控制器的设计过程中每反演推导一步,就会对扰动求一次导数,这其实是一个很复杂的过程;然而扩张扰动观测器的加入将扰动、扰动的导数,甚至是扰动的二阶导数都观测出来,这样便可直接代入计算过程,这无疑简化了控制器设计的复杂程度。

综上所述,本书基于 Back-Stepping 的滑模控制器的设计步骤主要如下:

(1)将有时滞的系统(4-9)转化为无时滞的系统,再利用现代控制理论将其转化为能控标准型。

(2)Back-Stepping 虚拟控制率的分步设计与稳定性证明。在反演的过程中遇到了与状态变量有关的非匹配扰动,导致虚拟控制率不易求解,设计扰动扩张观测器观测扰动 $d(t)$,将其观测值 $\hat{d}(t)$ 作为一个整体代入控制器的设计过程中。

(3)设计指数趋近律,使误差在有限时间内并以一个较好的动态品质到达滑模面;设计滑模面保证系统状态在滑模面上到达平衡点的时间是有限的,并保证滑模运动具有期望的动态性能。

4.3　仿真验证及结果分析

4.3.1　参数设置

为验证上述设计方案对输入时滞和线路扰动的处理效果，本书设计如下仿真方案对实际制动环境进行模拟：目标制动曲线是初速度为 20 m/s、加速度为 −0.6 m/s^2 的匀减速运动。制动过程中始终伴随着基本运行阻力，并且在制动进行到 1 275 m 时加入坡度为 0.28 的坡道、半径为 600 m 的转弯、长度为 10 m 的隧道这 3 种线路附加阻力。其中：坡道、转弯、隧道阻力的具体表达式为

$$W(t) = \frac{(1\,000\tan\theta + 600/R + 0.000\,13 \times l)Mg \cdot 10^{-3}}{M(1+\gamma)} \tag{4-33}$$

式中，θ 为坡道坡度的千分数；R 为弯道半径；l 为车辆经过隧道的长度；γ 为车辆回转系数；g 为重力加速度。各参数设置如表 4-1 ~ 表 4-3 所示。

表 4-1　扰动标称模型参数

变 量	参 数	变 量	参 数
a	2.09	b	0.039
c	0.000 675	θ	28‰
R	600	l	10
γ	0.1	g	9.8

表 4-2　扩张观测器参数

变 量	L_1	L_2	L_3
参 数	50	100 000	3 000

表 4-3　反演滑模控制器参数

变 量	C_1	C_2	η	K
参 数	10	3	0.2	1.1

制动系统的传输延时 $T = 0.4\,\text{s}$，制动系统的响应时间为 $\tau = 1.2\,\text{s}$。

代入参数后系统状态方程如式(4-34)：

$$\dot{x} = \begin{bmatrix} 0 & 1 & 0 \\ 0 & 0 & 1 \\ 0 & 0 & -2.5 \end{bmatrix} \begin{bmatrix} x_1 \\ x_2 \\ x_3 \end{bmatrix} + \begin{bmatrix} 0 \\ 0 \\ 2.5 \end{bmatrix} u(t-1.2) + \begin{bmatrix} 0 \\ 1 \\ 0 \end{bmatrix} d(t) \tag{4-34}$$

做无时滞变换后方程如式(4-35)：

$$\dot{z} = \begin{bmatrix} 0 & 1 & 0 \\ 0 & 0 & 1 \\ 0 & 0 & -2.5 \end{bmatrix} \begin{bmatrix} z_1 \\ z_2 \\ z_3 \end{bmatrix} + \begin{bmatrix} 6.434\,2 \\ -19.085\,5 \\ 20.085\,5 \end{bmatrix} u(t) + \begin{bmatrix} 0 \\ 1 \\ 0 \end{bmatrix} d(t) \tag{4-35}$$

做能控标准型变换后得到式(4-36)：

$$\dot{x} = \begin{bmatrix} 0 & 1 & 0 \\ 0 & 0 & 1 \\ 0 & 0 & -2.5 \end{bmatrix} x + \begin{bmatrix} 0 \\ 0 \\ 1 \end{bmatrix} u(t) + \begin{bmatrix} 0.039 \\ -0.036\,2 \\ 0 \end{bmatrix} d(t) \tag{4-36}$$

对式(4-36)设计 Back-Stepping 滑模控制器，得到控制器如式(4-37)：

$$u = 2.5x_3 - \hat{d}_3 + \dot{\gamma}_2 - e_2 - 0.2\,\mathrm{sgn}(S) - 1.1S \tag{4-37}$$

4.3.2　仿真结果展示与分析

采用本书控制器实施列车制动控制。图 4-1 为列车加速度的动态变化图，仿真开始时加速度从 0 m/s^2 跌至 -0.7 m/s^2，此时发生了从匀速到匀减速的突变，且设计的扩张观测器处于跟踪的动态阶段，误差还未完全收敛，故此时加速度出现了一定的超调。但是经过跟踪控制器的调节作用，且观测器的观测误差也在较短时间内收敛，趋于稳定，加速度在较短时间内收敛到目标值 -0.6 m/s^2。

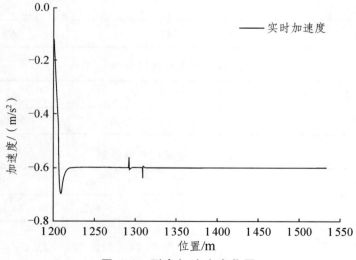

图 4-1　列车加速度变化图

仿真在 1 275 m 处加入了突变的线路附加阻力，此时加速度也发生一定程度的偏离，但是经过反演滑模控制算法和扰动观测器的联合控制作用后，加速度又很快恢复到目标值 -0.6 m/s^2。就整体制动过程而言，加速度大都稳定在目标值 -0.6 m/s^2，加速度的变化值也未超过 $1.1\ \mathrm{m/s^2}$，满足了舒适性的控制标准。

　　图 4-2～图 4-4 分别为制动曲线跟踪效果图、速度误差图和位移误差图。如图 4-3 所示，跟踪误差在制动进行 15 m 的时候误差收敛到零，在制动的整个过程中，目标曲线与实际曲线保持了极高的重合度，即保持高精度的跟踪效果。此外，在 1 275 m 处加入了突变的未知扰动，从图 4-3 可知：突然加入的扰动对系统的跟踪精度造成了一定的影响，速度的跟踪误差在此处出现了些许波动。但是经过观测器的补偿作用，误差再次迅速收敛到零。从图 4-4 中可以看出，位移的跟踪误差并未发生明显变化。

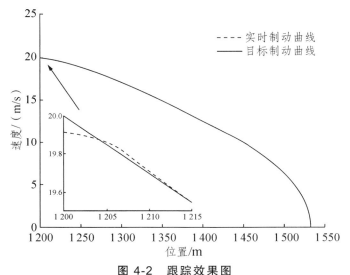

图 4-2　跟踪效果图

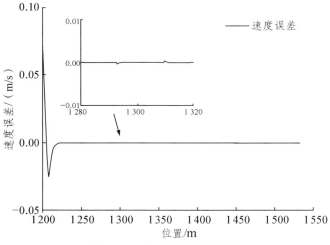

图 4-3　速度跟踪误差图

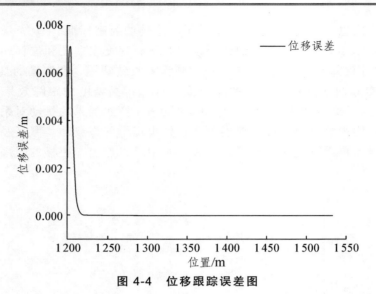

图 4-4　位移跟踪误差图

图 4-5 显示了扩张观测器对扰动的观测情况。由图 4-5 可知，在制动开始后较短的时间内观测误差迅速收敛到零，在 1 275 m 左右处扰动发生突变，观测器也迅速实现了对扰动变化的跟踪。

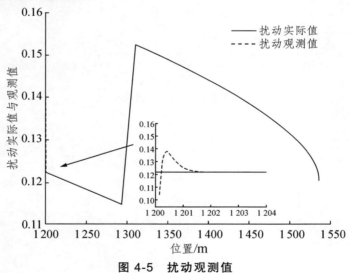

图 4-5　扰动观测值

图 4-6 显示了扩张观测器对扰动一阶导数的观测情况。由图 4-6 可知，在制动开始后较短的时间内观测误差迅速收敛到零，在 1 275 m 左右处扰动发生突变，观测器也迅速实现了对扰动变化的跟踪。

标注 4.3：本书控制器设计中用到了扰动的一阶导数，为避免扰动导数产生无穷大，在模拟突变扰动时选用了斜坡函数而非阶跃函数。斜坡函数的使用导致了加速度有两次变化，分别是斜坡函数开始时刻和结束时刻，所以在仿真时速度的动态图 4-2 和速度误差图 4-3 中出现了两次微小波动，且扰动导数的观测值中出现了矩形波的效果。

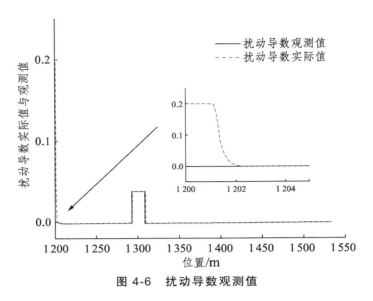

图 4-6　扰动导数观测值

同时，为验证算法的有效性和优越性，本书将反演滑模控制器与目前广泛用于列车运行控制的 PID 控制器进行比较。图 4-7 ～ 图 4-9 为采用 PID 控制器的仿真结果。

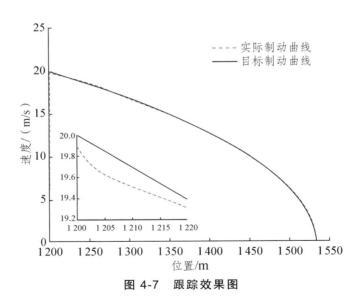

图 4-7　跟踪效果图

由图 4-8 和图 4-9 所示，由于没有对输入的时滞作用进行有效处理，直接施加了 PID 控制作用，其跟踪误差在制动进行 100 m 的时候才收敛到零，收敛速度明显慢于本书提出的算法；由图 4-7 所示，采用 PID 控制器的算法在制动过程中实际制动曲线与目标制动曲线多次出现偏离，重合程度明显低于反演滑模控制器。

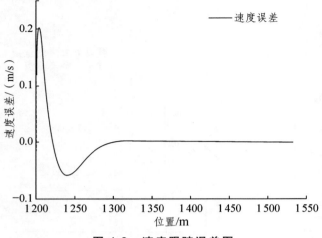

图 4-8　速度跟踪误差图

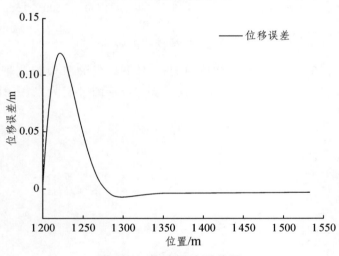

图 4-9　位移跟踪误差图

4.4　本章小结

在第 2 章研究的基础上，本章针对单质点具有输入时滞的动车组精准制动进行研究；运用无时滞变换公式对系统进行等价变换，得到一个无时滞的能控标准型，并对该系统设计 Back-Stepping 滑模控制器，实现对位移的精确跟踪。在此基础上，引入扩张观测器，对非线性不匹配的扰动进行观测，解决了 Back-Stepping 过程中虚拟控制量求解复杂的问题，并有效地提高了系统的抗干扰能力。同时，利用 Simulink 仿真软件对理论仿真验证，并与传统 PID 控制器的控制效果进行对比，实验结果表明，该算法较好地处理了输入时滞的现象，使制动系统获得较高的跟踪精度和舒适程度，并且在跟踪精度和收敛速度上优于 PID 控制。

参考文献

[1]　王青元，吴鹏，冯晓云，等. 基于自适应终端滑模控制的城轨列车精确停车算法[J]. 铁道学报，2016（2）：56-63.

[2]　张梦楠，徐洪泽. 城轨列车反推自动停车控制算法[J]. 西安交通大学学报，2014，48（9）：136-142.

[3]　逢海萍，刘成菊，庄克玉，等. 同时含状态和输入时滞系统的最优滑模控制[J]. 系统仿真学报，2006，18（增刊 2）：727-730.

[4]　基于自适应模糊滑模控制的高速列车自动停车算法[J]. 信息与控制，2015，44（2）：223-229.

[5]　Kojima A，Uchida K，Shimemura E，et al. Robust stabilization of a system with delays in control[J]. IEEE Transactions on Automatic Control，2002，39（8）：1694-1698.

[6]　李兵强，陈晓雷，林辉，等. 机电伺服系统齿隙补偿及终端滑模控制[J]. 电工技术学报，2016，31（9）：162-168.

[7]　侯波，穆安乐，董锋斌，等. 单相电压型全桥逆变器的反步滑模控制策略[J]. 电工技术学报，2015，30（20）：93-99.

[8]　张昌凡. 滑模变结构控制研究综述[J]. 湖南工业大学学报，2004，18（2）：1-5.

[9]　Ginoya D，Shendge P D，Phadke S B. Sliding Mode Control for Mismatched Uncertain Systems Using an Extended Disturbance Observer[J]. IEEE Transactions on Industrial Electronics，2014，61（4）：1983-1992.

[10]　方星，吴爱国，董娜. 非匹配扰动干扰下的无人直升机轨迹跟踪控制[J]. 控制理论与应用，2015，32（10）：1325-1334.

第5章　具有不确定性多智能体动车组的集成协同制动算法

5.1　引　言

第 4 章针对单质点模型中存在的时滞、未知干扰，结合了 Back-Stepping 和扩张观测器技术，设计了制动控制器。但是随着动车组速度的不断提高，传统的单质点模型已经不能准确地描述制动的过程。分布式动车组数学模型因其更加符合列车的工程背景而登上历史舞台。分布式数学模型不仅可以刻画列车的运行状态，还可以反映其内部相互作用力[1]。不同车厢所受不确定阻力以及车厢之间的非线性耦合作用明显增强。此时，对制动精度影响最为明显的因素变为差异化的未知阻力和车间耦合带来的纵向冲击[2, 3]。因此，在第 2 章研究分布式建模的基础上，本章将研究分布式动车组制动控制器设计的方法。

首先将列车动态模型转化为 Leader-Follower 模式的多智能体系统[4]，引入一致性算法。一致性算法是实现一致性控制的核心，利用较少的信息交换和简单的控制器结构，使具有复杂工程结构和网络结构的多智能体系统中的各个状态渐进趋于一致[5]，状态可以是位置、速度等。Ren[6]等研究了一致性算法在多车系统协同控制中的应用，但是一致性算法收敛速度较慢且鲁棒性不强。由于滑模变结构控制具备收敛速度快、对参数摄动不敏感、干扰抑制能力强等诸多优点，本书采用滑模变结构控制。因此，提出一种集成滑模控制的一致性协同制动算法，实现各个车厢对目标制动曲线的跟踪。其中，一致性算法实现了各车厢速度达到一致，并跟踪目标曲线；所构造的滑模变结构项，处理不确定性和非线性耦合所组成的复合干扰项，有效提高了算法的抗干扰能力和收敛速度。

5.2　滑模集成协同跟踪控制算法

5.2.1　模型建立与问题描述

针对列车的分布式数学模型(2-6)，可将其视为由 $n+1$ 节车厢组成的动车组，构成的动车组为多智能体系统。车厢 0 为虚拟领航者，车厢 $1,2,3,\cdots,n$ 为跟随者。

设计动态的虚拟领航者，目标制动曲线输入给虚拟领航者，并将领航者的动态输出作为跟随者系统的参考信号，其中虚拟领航者的动态模型为

$$\begin{cases} \dot{x}_0 = v_0 \\ \dot{v}_0 = u_0 \end{cases} \tag{5-1}$$

式中，x_0, v_0 分别表示虚拟车厢的实时位置和速度；u_0 表示其控制信号。

本章第一个控制目标：设计 PID 控制器实现领航者对目标制动曲线的跟踪，得到：

$$\lim_{t \to \infty} \|v_1 - v_r\| = 0 \tag{5-2}$$

式中，v_r 为目标曲线，选取领航者系统的动态输出作为跟随者系统的输入。

根据动车组的受力分析模型(2-6)，得到跟随者智能体的动力学模型(5-3)：

$$\begin{cases} \dot{x}_i(t) = v_i(t) \\ m_i \dot{v}_i(t) = u_i(t) + \sum_{i=1}^{n} (-1)^i a_{ij} f_i - d_{fi}(\cdot) \end{cases} \tag{5-3}$$

令 $f_{ri}(\cdot) = \left[\sum_{i=1}^{n} (-1)^i a_{ij} f_i - d_{fi}(\cdot) \right] \bigg/ m_i$，$H_i = 1/m_i$，则有

$$\begin{cases} \dot{x}_i(t) = v_i(t) \\ \dot{v}_i(t) = H_i u_i(t) + f_{ri}(\cdot) \end{cases} \tag{5-4}$$

式中，x_i, v_i 分别表示跟随者智能体的位置和速度信息；u_i 表示控制输入。

标注 5.1： 式(5-3)中的 $\sum_{i=1}^{n}(-1)^i a_{ij} f_i$ 表示相邻智能体之间的耦合关系，d_{fi} 表示系统的不确定性，设计相邻智能体发生信息交换，且各个智能体与虚拟领航者之间发生信息交换。该 Leader-Follower 系统是一个带有耦合和不确定性的无向连通二阶多智能体系统。系统中存在的非线性耦合和不确定性为多智能体一致性的实现带来了一定挑战。

标注 5.2： $f_{ri}(\cdot) = f_i(\cdot) - d_{if}(\cdot)$，$f_i(\cdot)$ 代表系统中的非线性耦合力，$d_i(\cdot)$ 代表不确定性扰动。由标注 2.2 和标注 2.3 可知 $f_i(\cdot)$ 和 $d_i(\cdot)$ 均为有界，所以 $f_{ri}(\cdot)$ 为有界未知量[7]。

本章第二个控制目标：设计带有滑模变结构项的一致性算法，以实现各个跟随者速度的一致性跟踪，即满足式(5-5)，从而实现对目标制动曲线的精准跟踪：

$$\lim_{t \to \infty} \|v_i - v_0\| = 0 \tag{5-5}$$

5.2.2　滑模一致性跟踪控制器

针对含有复合不确定项的二阶领航-跟随者多智能体系统(5-4)，设计控制器如式(5-6)：

$$u_i = u_{i1} + u_{i2} \tag{5-6}$$

其中：u_{i1} 是一致性算法部分，用来保证多智能体系统速度的一致性收敛；u_{i2} 是滑模变结构项，用来处理系统中的非线性和不确定性，提高算法的抗干扰能力和跟踪的准确性。

一致性控制器[8, 9]形式如式(5-7)：

$$u_{i1} = -\sum_{j=0}^{n} a_{ij}\left(v_i - v_j\right) - \sum_{j=0}^{n} a_{ij}\left(x_i - x_j - r_{ij}\right) \tag{5-7}$$

式中，a_{ij} 决定车厢与车厢之间是否发生信息（速度和位移）的交换，如果位移信息能从第 i 节车厢传递到第 j 节车厢，则 $a_{ij} = 1$，否则 $a_{ij} = 0$。

设计选取速度的同步误差作为滑模面，则有

$$s_i = e_i = v_i - v_0 \tag{5-8}$$

设计滑模控制项为

$$u_{2i} = -\eta_i \operatorname{sgn}\left(s_i\right) \tag{5-9}$$

式中，η_i 为待设计常数。

结合传统一致性算法和变结构控制项，构成如下跟踪控制器：

$$
\begin{aligned}
u_i &= u_{i1} + u_{i2} \\
&= \frac{1}{H_i}\left[-\sum_{j=0}^{n} a_{ij}\left(v_i - v_j\right) - \sum_{j=0}^{n} a_{ij}\left(x_i - x_j - r_{ij}\right) - \eta_i \operatorname{sgn}\left(s_i\right) \right]
\end{aligned} \tag{5-10}
$$

令 $x_i - x_0 - l_{i0} = \tilde{x}_i$，$v_i - v_0 = \tilde{v}_i$，构造误差方程：

$$
\begin{aligned}
\dot{\tilde{x}}_i &= \tilde{v}_i \\
\dot{\tilde{v}}_i &= -\sum_{j=0}^{n} a_{ij}\left(\tilde{v}_i - \tilde{v}_j\right) - \sum_{j=0}^{n} a_{ij}\left(\tilde{x}_i - \tilde{x}_j\right) - \eta_i \operatorname{sgn}\left(s_i\right) + f_{ri}(\cdot) - \dot{v}_0
\end{aligned} \tag{5-11}
$$

把式(5-11)写为矩阵形式得

$$
\begin{aligned}
\dot{\boldsymbol{x}} &= \tilde{\boldsymbol{v}} \\
\dot{\boldsymbol{v}} &= -\boldsymbol{M}\tilde{\boldsymbol{v}} - \boldsymbol{M}\tilde{\boldsymbol{x}} - \boldsymbol{\Gamma}\boldsymbol{S} + \boldsymbol{\Pi}
\end{aligned} \tag{5-12}
$$

其中：$\tilde{\boldsymbol{x}} = \left[\tilde{x}_1, \tilde{x}_2, \cdots, \tilde{x}_n\right]^{\mathrm{T}}$，$\tilde{\boldsymbol{v}} = \left[\tilde{v}_1, \tilde{v}_2, \cdots, \tilde{v}_n\right]^{\mathrm{T}}$，$\boldsymbol{\Gamma} = \operatorname{diag}\left[\eta_0, \eta_1, \cdots, \eta_n\right]$，$\boldsymbol{\Pi} = \left[f_{r1}(\cdot) - \dot{v}_0, f_{r2}(\cdot) - \dot{v}_0, \cdots, f_{rm}(\cdot) - \dot{v}_0\right]^{\mathrm{T}}$，$\boldsymbol{S} = \left[\operatorname{sgn}(s_0), \operatorname{sgn}(s_1), \cdots, \operatorname{sgn}(s_n)\right]^{\mathrm{T}}$，$\boldsymbol{M} = \boldsymbol{L}_n + \operatorname{diag}\left[a_{10}, a_{20}, \cdots, a_{n0}\right]^{\mathrm{T}}$，$\boldsymbol{L}_n$ 为该跟随系统的拉普拉斯矩阵。

设计李雅普诺夫函数如下：

$$V = \tilde{\boldsymbol{v}}^{\mathrm{T}}\tilde{\boldsymbol{v}} + \tilde{\boldsymbol{x}}^{\mathrm{T}}\boldsymbol{M}\tilde{\boldsymbol{x}} \tag{5-13}$$

对李雅普诺夫函数 V 沿着系统(5-12)的运动轨迹求导：

$$
\begin{aligned}
\frac{\mathrm{d}V}{\mathrm{d}t} &= 2\tilde{\boldsymbol{v}}^{\mathrm{T}}\dot{\tilde{\boldsymbol{v}}} + 2\tilde{\boldsymbol{v}}_i^{\mathrm{T}}\boldsymbol{M}\dot{\tilde{\boldsymbol{x}}}_i \\
&= 2\tilde{\boldsymbol{v}}^{\mathrm{T}}\left(-\boldsymbol{M}\tilde{\boldsymbol{v}} - \boldsymbol{M}\tilde{\boldsymbol{x}} - \boldsymbol{\Gamma}\boldsymbol{S} + \boldsymbol{\Pi}\right) + 2\tilde{\boldsymbol{v}}^{\mathrm{T}}\boldsymbol{M}\tilde{\boldsymbol{x}} \\
&= -2\tilde{\boldsymbol{v}}^{\mathrm{T}}\boldsymbol{M}\tilde{\boldsymbol{v}} - 2\tilde{\boldsymbol{v}}^{\mathrm{T}}\boldsymbol{M}\tilde{\boldsymbol{x}} - 2\tilde{\boldsymbol{v}}^{\mathrm{T}}\boldsymbol{\Gamma}\boldsymbol{S} + 2\tilde{\boldsymbol{v}}^{\mathrm{T}}\boldsymbol{\Pi} + 2\tilde{\boldsymbol{v}}^{\mathrm{T}}\boldsymbol{M}\tilde{\boldsymbol{x}} \\
&= -2\tilde{\boldsymbol{v}}^{\mathrm{T}}\boldsymbol{M}\tilde{\boldsymbol{v}} - 2\tilde{\boldsymbol{v}}^{\mathrm{T}}\boldsymbol{\Gamma}\boldsymbol{S} + 2\tilde{\boldsymbol{v}}^{\mathrm{T}}\boldsymbol{\Pi} \\
&\leqslant -2\tilde{\boldsymbol{v}}^{\mathrm{T}}\boldsymbol{M}\tilde{\boldsymbol{v}} - 2\eta_{i\min}\|\tilde{\boldsymbol{v}}\|_1 + d_{i\max}\|\tilde{\boldsymbol{v}}\|_1 \\
&= -2\tilde{\boldsymbol{v}}^{\mathrm{T}}\boldsymbol{M}\tilde{\boldsymbol{v}} - 2\|\tilde{\boldsymbol{v}}\|_1\left(\eta_{i\min} - d_{i\max}\right)
\end{aligned}
\tag{5-14}
$$

已知矩阵 $\boldsymbol{M}$ 为对称正定矩阵，设计合理的参数 η_i，使 $\eta_i > d_i$，则有

$$
\begin{aligned}
\frac{\mathrm{d}V}{\mathrm{d}t} &\leqslant -2\tilde{\boldsymbol{v}}^{\mathrm{T}}\boldsymbol{M}\tilde{\boldsymbol{v}} - \sum_{i=1}^{n}|\boldsymbol{s}|\left(\eta_{i\min} - d_{i\max}\right) \\
&\leqslant -2\tilde{\boldsymbol{v}}^{\mathrm{T}}\boldsymbol{M}\tilde{\boldsymbol{v}}
\end{aligned}
\tag{5-15}
$$

经上述推导可知，车厢的速度误差可以渐进收敛到零，即

$$
\lim_{x\to\infty}\|v_i - v_0\| = 0 \tag{5-16}
$$

至此，控制器稳定性证明完毕。

综上所述，具有不确定性多智能体动车组的集成协同制动算法设计步骤如下：

（1）建立了含有非线性耦合与不确定性的动车组数学模型，并将其转换为 Leader-follower 模式下的多智能体系统。

（2）设计了 Consensus 算法并集成滑模控制器，Consensus 算法用于跟踪，滑模算法用于抵消模型中的符合不确定性。

（3）设计李雅普诺夫函数证明了算法的收敛性。

5.3　仿真验证及结果分析

5.3.1　高速列车模型参数

本章针对所设计的算法及其理论进行仿真验证，给出分布式动车组的模型参数，具体如下：$m_i = 80\,000\ \mathrm{kg}, (i = 1, 2, \cdots, 6)$；未知外部扰动的数学模型[10]：$d_{fi} = a_{1i} + a_{2i}v_i + a_{3i}v_i^2 + \varPsi_i$，其中运行阻力常数为 $a_{1i} = 0.000\,16\ \mathrm{N \cdot s^2 / (m^2\ kg)}$，$a_{2i} = 0.000\,776\,16\ \mathrm{N \cdot s/(mkg)}$，$a_{3i} = 0.011\,76\ \mathrm{N/kg}$，上述参数是满足 CRH 型列车的阻力参数，此外，选择缓变、突变、高频和脉冲信号代替运行过程中的未知附加阻力 $\varPsi_i$，分别施加在不同的车厢上，用此来反映线路的复杂性和多变性。

5.3.2 虚拟领航者仿真及结果分析

设计 PID 控制器作为领航者的跟踪控制器，设计参数如下：$k_p=1\,000$，$k_i=100$，$k_d=800$。仿真结果如图 5-1 和图 5-2 所示，在上述参数设计下的 PID 控制器的控制作用下，领航者的位移迅速跟踪上了目标曲线，误差在 0.04 s 内收敛到 0；速度也迅速跟踪上了目标曲线的导数，误差在 1 s 内收敛到 0。

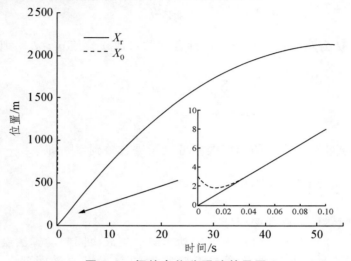

图 5-1　领航者位移跟踪效果图

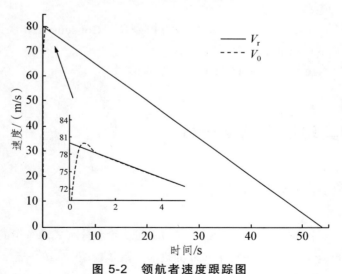

图 5-2　领航者速度跟踪图

5.3.3 跟踪控制器仿真及结果分析

对动车组制动过程的精准控制，实质是对目标制动曲线的精准跟踪。在领航

-跟随系统中，只将目标制动曲线作为虚拟领航者的参考信号；在跟踪智能体系统中选取相邻的智能体进行信息交换，且各节车厢与领航者发生信息交换，则有 $a_{ij}=a_{ji}=1$，最终实现各个智能体速度一致，并且各个智能体之间的距离稳定在设定值。目标制动曲线是初速度为 80 m/s、减速度为 $1.5\ \mathrm{m/s^2}$ 的制动曲线，车间距的设定值为 10 m（此处，车间距是指两节动车组质心之间的距离）于是得到下述数据：

位移和速度的目标曲线为 $X_r=80t-0.75t^2$，$v_r=80-1.5t$；滑模项增益为 $C=\mathrm{diag}[20,16,23,16]$。

系统矩阵参数设置如下：

$$A_{5\times5}=\begin{bmatrix}0&0&0&0&0\\1&0&1&0&0\\0&1&0&1&0\\0&0&1&0&1\\0&0&0&1&0\end{bmatrix}$$

$$A_{4\times4}=\begin{bmatrix}0&1&0&0\\1&0&1&0\\0&1&0&1\\0&0&1&0\end{bmatrix}\mathrm{diag}\begin{bmatrix}a_{10}&a_{20}&a_{30}&a_{40}\end{bmatrix}=\begin{bmatrix}1&0&0&0\\0&1&0&0\\0&0&1&0\\0&0&0&1\end{bmatrix}$$

图 5-3 为多车厢的位移速度图像，制动指令在 1 000 m 的位置处发出，且各个智能体的位置速度图像较为一致。为进一步说明控制器的跟踪效果，分别对速度和位移的跟踪效果进行分析说明。

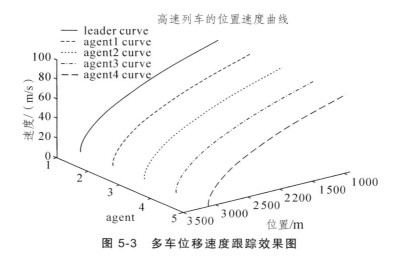

图 5-3　多车位移速度跟踪效果图

图 5-4 ~ 图 5-6 为领航跟随系统速度的跟踪效果：领航者的初始速度为

80 m/s，跟随者系统的四台车的初始速度各不相同，分别是 82 m/s、81 m/s、76 m/s、77 m/s。由图 5-4 和图 5-5 可知：多智能体系统的速度在 0.2 s 的时候实现了一致性跟踪，速度的误差也在 0.2 s 的时间内迅速收敛到 0。已知制动发生 7 s 时仿真加入了附加扰动，由图 5-6 可知，扰动的加入未对跟踪精度造成明显的影响，依然保持了很高的精准度。综上所述，在整个制动过程中速度的跟踪始终保持较高的跟踪精度。

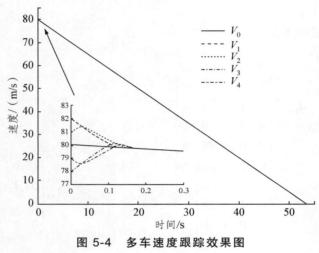

图 5-4　多车速度跟踪效果图

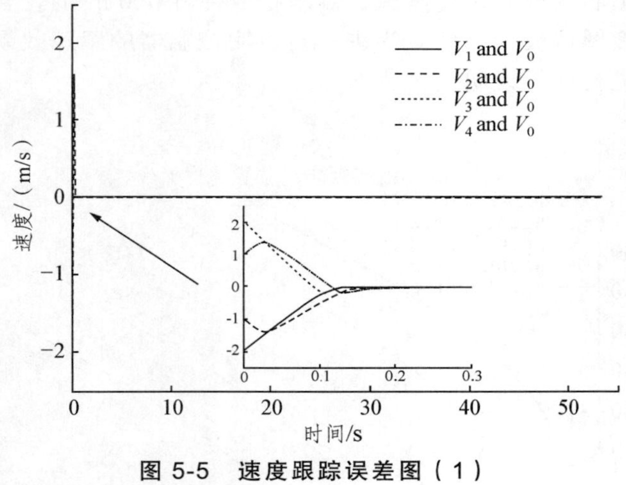

图 5-5　速度跟踪误差图（1）

图 5-7 和图 5-8 为位移的跟踪效果图。对于该领航跟随系统，滑模一致性控制器实现了高精度的速度跟踪控制后，位移的跟踪也达到了较高精度。以领航者的初始位置为参考点，设计 agent0 的初始位置为 0 m，那么跟随系统中 agent1 至 agent4 的初始位置分别是：2 m、10.2 m、20.3 m、30.5 m。如图 5-8 所示，在整个制动过程中，车间距始终稳定在初始间距左右，说明各个车厢的位移跟踪也达到了较高精度。

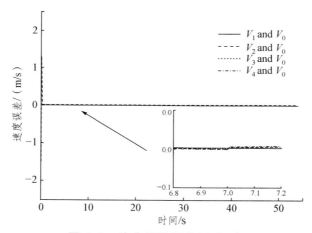

图 5-6　速度跟踪误差图（2）

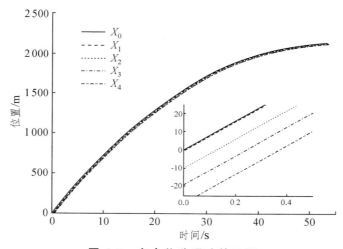

图 5-7　多车位移跟踪效果图

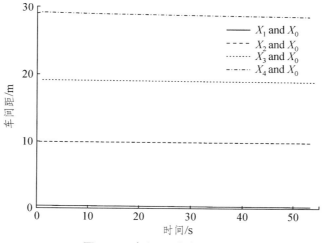

图 5-8　车间距动态效果图

5.4　本章小结

在第 2 章研究的基础上，本章设计滑模一致性跟踪控制器，一致性算法保证了各车厢速度的一致性跟踪，集成在一致性算法中的滑模变结构项，采用基于上下界的滑模来处理非线性和不确定性组成的复合干扰项。最后通过仿真实验得出：滑模项的引入有效地解决了复合干扰项导致跟踪精度不高的问题，提出的集成滑模变结构控制的一致性控制算法，使各个车厢的速度均能跟踪上目标速度曲线，且保证了较高的跟踪精准度。然而，基于上下界的滑模控制在算法鲁棒性上相对欠缺，遇到较大扰动时跟踪精度会发生下降，且控制器抖动很大。此外，该算法的有效性和正确性也为分布式动车组的制动控制技术提供了一定的理论基础。

参考文献

［1］ 杨辉，张芳，张坤鹏，等. 基于分布式模型的动车组预测控制方法[J]. 自动化学报，2014，40（9）：1912-1921.

［2］ Li S，Yang L，Gao Z. Coordinated cruise control for high-speed train movements based on a multi-agent model[J]. Transportation Research Part C，2015，56：281-292.

［3］ Li S，Yang L，Gao Z. Adaptive coordinated control of multiple high-speed trains with input saturation[J]. Nonlinear Dynamics，2015，83（4）：1-13.

［4］ Zhao Y，Wang T，Karimi H R. Distributed cruise control of high-speed trains[J]. Journal of the Franklin Institute，2017，354（14）：6044-6061.

［5］ 吴涵. 基于群集运动的多轴协同控制研究[D]. 株洲：湖南工业大学，2015.

［6］ Ren W，Chao H，Bourgeous W, et al. Experimental Validation of Consensus Algorithms for Multivehicle Cooperative Control[J]. IEEE Transactions on Control Systems Technology，2008，16（4）：745-752.

［7］ Su H，Chen G，Wang X，et al. Adaptive second-order consensus of networked mobile agents with nonlinear dynamics[J]. Automatica，2011，47（2）：368-375.

［8］ 王莹. 基于多智能体方法的列车跟踪与协调控制[D]. 北京：北京交通大学，2016.

［9］ Ren W. Consensus Algorithms for Double-integrator Dynamics[J]. IEEE Transactions on Automatic Control，2008，53（6）：1503-1509.

［10］ 李中奇，杨辉，刘明杰，等. 高速动车组制动过程的建模及跟踪控制[J]. 中国铁道科学，2016，37（5）：80-86.

第 6 章 具有不确定性多智能体动车组的 鲁棒一致性制动算法

6.1 引 言

第 5 章针对动车组多智能体数学模型，设计了集成滑模控制器的一致性算法，实现了分布式动车组的高精度制动。该算法实质上是利用基于上下界的滑模变结构控制思想[1]，利用滑模切换项抵消掉未知有界扰动对控制器带来的不可实现性，快速实现误差系统的收敛。然而，对于包含未知扰动的多智能体系统，采用滑模切换项处理未知扰动的方法鲁棒性较差，并且随着切换增益的增加，控制器输出的抖动也会随之增大。因此，通过设计闭环的反馈系统将扰动补偿至控制器，从而更加主动地处理扰动带来的影响，这样系统的鲁棒性和抗干扰能力必然增强。在这一章中设计滑模变结构扰动观测器[2]，实时估计复合扰动并将其反馈至控制器，得到一种鲁棒一致性算法。

此外，针对分布式结构中相邻车厢间距的控制问题，本章引入人工势能场函数。该算法的引入旨在确保相邻车厢始终处于安全的间距，并且保持了该网络拓扑结构下多智能体系统的连通性。综上所述，本书提出带有滑模观测器的一致性协同制动算法，建立了含有非线性耦合和不确定性的动车组多智能体模型[3]；设计滑模观测器估计非线性与不确定性组成的符合不确定项，并将准确的估计值反馈给控制器；设计新型的鲁棒一致性控制器，保证每节车厢跟踪目标速度；人工势能场的引入，用来确保相邻车厢始终处于安全的车间距；集成在一致性跟踪控制器上的滑模变结构项，用来处理观测器的估计误差，保证其收敛性。最后通过 MATLAB 和 RT-lab 实验来验证算法的有效性。

6.2 鲁棒一致性跟踪控制算法

6.2.1 模型建立与问题描述

在第 5 章研究的基础上，本章进一步对多智能体系统的跟踪性进行研究，并加入了对各个跟随者智能体之间的间距控制。本章的控制目标是设计带有扰动观测器的一致性算法，以实现各个跟随者速度的一致性跟踪；设计人工势能场函数保持相邻车厢在 (r_1, r_2)，r_1 和 r_2 为安全车间距的最大值和最小值，即满足式(6-1)。

$$\begin{cases} \lim_{t \to \infty} \|x_i - x_j\| = r_{ij}, r_{ij} \in [r_1, r_2] \\ \lim_{t \to \infty} \|v_i - v_0\| = 0 \end{cases} \tag{6-1}$$

6.2.2　扰动观测及鲁棒一致性算法设计

针对含有复合不确定项的二阶领航-跟随者多智能体系统(2-6)，设计控制器如式(6-2)：

$$u_i = u_{i1} + u_{i2} + u_{i3} + u_{i4} \tag{6-2}$$

其中，u_{i1} 是传统一致性算法部分[4]，用来保证多智能体系统速度的一致性收敛；u_{i2} 是人工势能场函数[5]，用来保持领航-跟随者系统的连通性，并确保相邻车厢之间始终处于安全距离范围；u_{i3} 是滑模变结构项，用来处理观测误差与速度导数组成的复合项；u_{i4} 是滑模变结构观测器反馈值[6]，用来处理系统中的非线性和不确定性，提高算法的抗干扰能力和跟踪的准确性。

一致性控制器形式如下：

$$u_{i1} = -\sum_{j=0}^{n} a_{ij}\left(v_i - v_j\right) - \sum_{j=0}^{n} a_{ij}\left(x_i - x_j - r_{ij}\right) \tag{6-3}$$

式中，a_{ij} 决定车厢与车厢之间是否发生信息（速度和位移）的交换，如果位移信息能从第 i 节车厢传递到第 j 节车厢，则 $a_{ij} = 1$，否则 $a_{ij} = 0$。

引入势能函数如式(6-4)：

$$u_{i2} = -\sum_{j=1}^{n} a_{ij} \nabla U_{ij}\left(x_{ij}\right) \tag{6-4}$$

$$U_{ij}\left(x_{ij}\right) = \frac{1}{\left|x_{ij}\right|^2 - r_1^2} + \frac{1}{r_2^2 - \left|x_{ij}\right|^2}, r_1 < \left|x_{ij}\right| < r_2 \tag{6-5}$$

其中，x_{ij} 表示制动过程中两节车厢之间的动态距离；r_1, r_2 分别表示安全距离的最小值和最大值。

对于上述势能场函数，令 $r_1 = 9.5, r_2 = 10.5$，画出如图 6-1 所示的有界的人工势能场函数图像。

从图 6-1 中可以看出，若相邻车厢保持在安全距离范围内（$r_1 < \left|x_{ij}\right| < r_2$）时，势能场函数输出一个微小且平稳的控制作用，一旦相邻车间距达到或接近安全距离的界限时，势能场函数 $U_{ij}\left(x_{ij}\right)$ 会输出一个极大的控制作用，该作用表现为聚合或分离

的力，从而避免了过近造成的碰撞和过远造成的硬件拉伤。

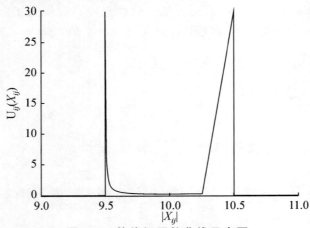

图 6-1　势能场函数曲线示意图

设计选取速度的同步-误差作为滑模面，则有

$$s_i = e_i = v_i - v_0 \tag{6-6}$$

设计滑模控制项为

$$u_{3i} = \eta_i \, \mathrm{sgn}(s_i) \tag{6-7}$$

其中，η_i 为待设计常数。

　　对于包含未知复合扰动 $f_{ri}(\cdot)$ 的多智能体系统，根据滑模变结构控制的优良特性，可以通过增大滑模参数 η_i 来处理未知有界扰动带来的影响，实现系统的镇定。但是由于算法中未含有扰动的反馈信息，鲁棒性较差，同时随着 η_i 的增大，将会大大增加控制输出抖动，影响跟踪精度，甚至对系统的硬件造成损伤。因此，引入滑模变结构扰动观测器：首先，设计 SMC-observe 将复合扰动精准地估计出来；随后，将扰动的观测值反馈到控制器中，设计一个抗干扰能力强的一致性鲁棒控制算法。

　　对于动态方程(5-4)，设计变结构观测器[7]：

$$\begin{aligned} \dot{\hat{x}}_i(t) &= \hat{v}_i(t) + \gamma_i \, \mathrm{sgn}(e_{1i}) \\ \dot{\hat{v}}_i(t) &= H_i u_i(t) + w_i \, \mathrm{sgn}(e_{2i}) \end{aligned} \tag{6-8}$$

其中，$\hat{x}_i(t)$ 和 $\hat{v}_i(t)$ 分别代表列车位移和速度的观测值；e_{1i} 和 e_{2i} 分别表示观测值和实际值之间的误差；γ_i, w_i 为待设计常数。

　　定义总的误差向量 $e_i = \begin{bmatrix} e_{i1} & e_{i2} \end{bmatrix}^{\mathrm{T}} = \begin{bmatrix} x_i - \hat{x}_i & v_i - \hat{v}_i \end{bmatrix}^{\mathrm{T}}$，$s_i = e_i$ 为滑模面。

　　定理 6.1： 设多智能体动车组系统(5-4)中第 i 节车厢对应的滑模变结构观测器 (6-8)，如果满足 $\gamma_i > |e_{i2}|_{\max}$，$w_i > |f_{ri}(\cdot)|_{\max}$ $(i = 1, 2, \cdots, n)$。那么，在有限的时间 T 内，系统状态将到达滑模面，并且在滑模面上运动直至误差收敛到零。此时，复合扰动可以表达为下式：

$$\lim_{x \to T} f_{ri}(\cdot) = w_i \, \mathrm{sgn}[\gamma_i \, \mathrm{sgn}(x_i - \hat{x}_i)] \tag{6-9}$$

证明：构造观测器系统的误差方程，用系统方程(5-4)减去观测器方程(6-8)，得到如下误差方程：

$$\begin{cases} \dot{e}_{i1} = e_{i2} - \gamma_i \mathrm{sgn}\left(e_{i1}\right) \\ \dot{e}_{i2} = f_{ri}(\cdot) - w_i \mathrm{sgn}\left(e_{i2}\right) \end{cases} \tag{6-10}$$

构造李雅普诺夫函数如下：

$$V_i = \frac{1}{2} \boldsymbol{e}_i^{\mathrm{T}} \boldsymbol{e}_i \tag{6-11}$$

对 $\boldsymbol{V}_i$ 求导得到：

$$\begin{aligned}
\dot{\boldsymbol{V}}_i &= \frac{1}{2}\begin{bmatrix} e_{i1} & e_{i2} \end{bmatrix}\begin{bmatrix} e_{i1} \\ e_{i2} \end{bmatrix} = \frac{1}{2}\left(2\dot{e}_{i1}e_{i1} + 2\dot{e}_{i2}e_{i2}\right) = \boldsymbol{e}_{i1}\dot{\boldsymbol{e}}_{i1} + \boldsymbol{e}_{i2}\dot{\boldsymbol{e}}_{i2} \\
&= \boldsymbol{e}_{i1}\left[\boldsymbol{e}_{i2} - \gamma_i \mathrm{sgn}\left(\boldsymbol{e}_{i1}\right)\right] + \boldsymbol{e}_{i2}\left[\left|f_{ri}(\cdot)\right| - w_i \mathrm{sgn}\left(\boldsymbol{e}_{i2}\right)\right] \\
&= \boldsymbol{e}_{i1}\boldsymbol{e}_{i2} - \gamma_i \left|\boldsymbol{e}_{i1}\right| + \boldsymbol{e}_{i2}f_{ri}(\cdot) - w_i \left|\boldsymbol{e}_{i2}\right| \\
&\leqslant \left\|\boldsymbol{e}_{i1}\right\|_1 \left(\left\|\boldsymbol{e}_{i2}\right\| - \gamma_i\right) + \left\|\boldsymbol{e}_{i2}\right\|_1 \left(\left\|f_{ri}(\cdot)\right\|_1 - w_i\right) \\
&\leqslant -\min\left\{\gamma_i - \left|\boldsymbol{e}_{i2}\right|, w_i - \left|f_{ri}(\cdot)\right|\right\}\left\|\boldsymbol{e}_i\right\|_1
\end{aligned} \tag{6-12}$$

由式(6-12)得知当待设计的常数满足：$\gamma_i - \left|e_{i2}\right|_{\max} > 0, w_i - \left|f_{ri}(\cdot)\right|_{\max} > 0$，就可以得到设计的李雅普诺夫函数的导数小于零，即 $\dot{V}_i < 0$。

由滑模变结构知识可知，误差会在有限时间内到达滑模面，做滑模运动，此时有

$$\begin{cases} e_{i1} = 0 \\ \dot{e}_{i1} = 0 \end{cases} \Rightarrow \begin{cases} x_i = \hat{x}_i \\ e_{i2} = \gamma_i \mathrm{sgn}\left(e_{i1}\right) \end{cases} \tag{6-13}$$

$$\begin{cases} e_{i2} = 0 \\ \dot{e}_{i2} = 0 \end{cases} \Rightarrow \begin{cases} v_i = \hat{v}_i \\ f_{ri}(\cdot) = w_i \mathrm{sgn}\left(e_{i2}\right) \end{cases} \tag{6-14}$$

最终得到复合扰动观测值的表达式如下：

$$\lim_{t \to T} \hat{f}_{ri}(\cdot) = f_{ri}(\cdot) = w_i \mathrm{sgn}[\gamma_i \mathrm{sgn}\left(x_i - \hat{x}_i\right)] \tag{6-15}$$

$\forall \delta > 0, \exists t_1 < T_1$，如果 $t > t_1$，就有

$$\left|\hat{f}_{ri}(\cdot) - f_{ri}(\cdot)\right| < \delta \tag{6-16}$$

滑模控制的切换函数会引起系统抖动，这是我们不想要的结果。同时，利用切换函数进行仿真实验，结果并不理想。据此，采用连续函数 $F = \dfrac{s}{|s| + \sigma}$ 来替换符号函数。其中，σ 为一个较小的正常数。至此，观测器收敛性证明完毕。

6.2.3 鲁棒一致性算法稳定性分析

结合传统一致性算法、人工势能场函数、变结构控制项和滑模变结构观测器，组成如下跟踪控制器：

$$u_i = u_{i1} + u_{i2} + u_{i3} + u_{i4}$$

$$= \frac{1}{H_i}\left[-\sum_{j=0}^{n} a_{ij}\left(v_i - v_j\right) - \sum_{j=0}^{n} a_{ij}\left(x_i - x_j - r_{ij}\right) - \right.$$

$$\left. \sum_{j=1}^{n} a_{ij}\nabla U_{ij}\left(x_{ij}\right) - \eta_i\,\text{sgn}\left(s_i\right) - \hat{f}_{ri}\left(\cdot\right)\right] \tag{6-17}$$

定理 6.2：具有不确定性多智能体动车组的鲁棒一致性制动算法。对 Leader-Follower 系统(2-6)施加控制作用(6-17)，已知各节列车的初始位置和速度，并且相邻车厢在初始状态处于安全距离，如果 M 是一个对称正定矩阵，且设计 $\eta_{i\min} > d_{i\max}$，可以得到如下结论：

（1）各节车厢均可跟踪上目标制动曲线。

（2）相邻车厢始终处于安全车距。

（3）在允许观测器存在误差的情况下，实现误差系统(6-18)的收敛。

令 $x_i - x_0 - l_{i0} = \tilde{x}_i$，$v_i - v_0 = \tilde{v}_i$，$f_i = f_{ri}(\cdot) - \hat{f}_{ri}(\cdot)$

构造误差方程如下：

$$\dot{\tilde{x}}_i = \tilde{v}_i$$

$$\dot{\tilde{v}}_i = -\sum_{j=0}^{n} a_{ij}\left(\tilde{v}_i - \tilde{v}_j\right) - \sum_{j=0}^{n} a_{ij}\left(\tilde{x}_i - \tilde{x}_j\right) - \sum_{j=1}^{n} a_{ij}\nabla \tilde{U}_{ij} - \eta_i\,\text{sgn}\left(s_i\right) + f_i - \dot{v}_0 \tag{6-18}$$

把式(6-18)写为矩阵形式得

$$\dot{\tilde{x}} = \tilde{v}$$

$$\dot{\tilde{v}} = -M\tilde{v} - M\tilde{x} - \Theta - \Gamma S + \Pi \tag{6-19}$$

其中：$\tilde{x} = \left[\tilde{x}_1, \tilde{x}_2, ..., \tilde{x}_n\right]^T$，$\tilde{v} = \left[\tilde{v}_1, \tilde{v}_2, ..., \tilde{v}_n\right]^T$，$\Gamma = \text{diag}\left[\eta_0, \eta_1, ..., \eta_n\right]$；$\Theta = \left[\sum_{j=1}^{n} a_{0j}\nabla \tilde{U}_{0j}, \right.$

$\left. \sum_{j=1}^{n} a_{1j}\nabla \tilde{U}_{1j}, ..., \sum_{j=1}^{n} a_{nj}\nabla \tilde{U}_{nj}\right]^T$；$\Pi = \left[f_1 - \dot{v}_0, f_2 - \dot{v}_0, ..., f_n - \dot{v}_0\right]^T$，$S = \left[\text{sgn}(s_0), \text{sgn}(s_1), ..., \text{sgn}(s_n)\right]^T$；

$M = L_n + \text{diag}\left[a_{10}, a_{20}, ..., a_{n0}\right]^T$，$L_n$ 为该跟随系统的拉普拉斯矩阵。

设计李雅普诺夫函数如下：

$$V = \tilde{v}^T\tilde{v} + \tilde{x}^T M\tilde{x} + \sum_{i=0}^{n}\sum_{j=0}^{n} a_{ij}\tilde{U}_{ij} \tag{6-20}$$

对李雅普诺夫函数求导，并代入误差方程得

68

$$\frac{\mathrm{d}V}{\mathrm{d}t} = 2\tilde{\boldsymbol{v}}^{\mathrm{T}}\dot{\tilde{\boldsymbol{v}}} + 2\tilde{\boldsymbol{v}}_i^{\mathrm{T}}\boldsymbol{M}\tilde{\boldsymbol{x}}_i + \sum_{i=0}^{n}\sum_{j=0}^{n}\boldsymbol{a}_{ij}\tilde{U}_{ij}$$

$$= 2\tilde{\boldsymbol{v}}^{\mathrm{T}}\left(-\boldsymbol{M}\tilde{\boldsymbol{v}} - \boldsymbol{M}\tilde{\boldsymbol{x}} - \boldsymbol{\Theta} - \boldsymbol{\Gamma}\boldsymbol{S} + \boldsymbol{\Pi}\right) + 2\tilde{\boldsymbol{v}}^{\mathrm{T}}\boldsymbol{M}\tilde{\boldsymbol{x}} + \sum_{i=0}^{n}\sum_{j=0}^{n}\boldsymbol{a}_{ij}\dot{\tilde{U}}_{ij}$$

$$= -2\tilde{\boldsymbol{v}}^{\mathrm{T}}\boldsymbol{M}\tilde{\boldsymbol{v}} - 2\tilde{\boldsymbol{v}}^{\mathrm{T}}\boldsymbol{M}\tilde{\boldsymbol{x}} - 2\tilde{\boldsymbol{v}}^{\mathrm{T}}\boldsymbol{\Theta} - 2\tilde{\boldsymbol{v}}^{\mathrm{T}}\boldsymbol{\Gamma}\boldsymbol{S} + 2\tilde{\boldsymbol{v}}^{\mathrm{T}}\boldsymbol{\Pi} + 2\tilde{\boldsymbol{v}}^{\mathrm{T}}\boldsymbol{M}\tilde{\boldsymbol{x}} + \sum_{i=0}^{n}\sum_{j=0}^{n}\boldsymbol{a}_{ij}\dot{\tilde{U}}_{ij}$$

$$= -2\tilde{\boldsymbol{v}}^{\mathrm{T}}\boldsymbol{M}\tilde{\boldsymbol{v}} - 2\tilde{\boldsymbol{v}}^{\mathrm{T}}\boldsymbol{\Theta} - 2\tilde{\boldsymbol{v}}^{\mathrm{T}}\boldsymbol{\Gamma}\boldsymbol{S} + 2\tilde{\boldsymbol{v}}^{\mathrm{T}}\boldsymbol{\Pi} + \sum_{i=0}^{n}\sum_{j=0}^{n}\boldsymbol{a}_{ij}\dot{\tilde{U}}_{ij}$$

$$\leqslant -2\tilde{\boldsymbol{v}}^{\mathrm{T}}\boldsymbol{M}\tilde{\boldsymbol{v}} - 2\eta_{i\min}\left\|\tilde{\boldsymbol{v}}\right\|_1 + d_{i\max}\left\|\tilde{\boldsymbol{v}}\right\|_1 - 2\tilde{\boldsymbol{v}}^{\mathrm{T}}\boldsymbol{\Theta} + \sum_{i=0}^{n}\sum_{j=0}^{n}\boldsymbol{a}_{ij}\dot{\tilde{U}}_{ij}$$

$$= -2\tilde{\boldsymbol{v}}^{\mathrm{T}}\boldsymbol{M}\tilde{\boldsymbol{v}} - 2\left\|\tilde{\boldsymbol{v}}\right\|_1\left(\eta_{i\min} - d_{i\max}\right) - 2\tilde{\boldsymbol{v}}^{\mathrm{T}}\boldsymbol{\Theta} + \sum_{i=0}^{n}\sum_{j=0}^{n}\boldsymbol{a}_{ij}\dot{\tilde{U}}_{ij} \tag{6-21}$$

对于上述证明过程，根据对称性可知：

$$\sum_{i=0}^{n}\sum_{i=0}^{n}\boldsymbol{a}_{ij}\dot{\tilde{U}}_{ij} = \sum_{i=0}^{n}\sum_{i=0}^{n}\boldsymbol{a}_{ij}\tilde{\boldsymbol{v}}_i\nabla\tilde{U}_{ij}$$

$$= \sum_{i=0}^{n}\sum_{i=0}^{n}\boldsymbol{a}_{ij}\left(\tilde{\boldsymbol{v}}_i - \tilde{\boldsymbol{v}}_j\right)\nabla\tilde{U}_{ij}$$

$$= \sum_{i=0}^{n}\sum_{i=0}^{n}\boldsymbol{a}_{ij}\left(\tilde{\boldsymbol{v}}_i\nabla\tilde{U}_{ij} - \tilde{\boldsymbol{v}}_j\nabla\tilde{U}_{ij}\right)$$

$$= 2\sum_{i=0}^{n}\sum_{i=0}^{n}\boldsymbol{a}_{ij}\tilde{\boldsymbol{v}}_i\nabla\tilde{U}_{ij}$$

$$= 2\tilde{\boldsymbol{v}}^{\mathrm{T}}\boldsymbol{\Theta} \tag{6-22}$$

根据式(6-21)和式(6-22)得到

$$\frac{\mathrm{d}V}{\mathrm{d}t} \leqslant -2\tilde{\boldsymbol{v}}^{\mathrm{T}}\boldsymbol{M}\tilde{\boldsymbol{v}} - \sum_{i=1}^{n}\left|s\right|\left(\eta_{i\min} - d_{i\max}\right) - 2\tilde{\boldsymbol{v}}^{\mathrm{T}}\boldsymbol{\Theta} + \sum_{i=0}^{n}\sum_{j=0}^{n}\boldsymbol{a}_{ij}\dot{\tilde{U}}_{ij}$$

$$\leqslant -2\tilde{\boldsymbol{v}}^{\mathrm{T}}\boldsymbol{M}\tilde{\boldsymbol{v}} - \sum_{i=1}^{n}\left|s\right|\left(\eta_{i\min} - d_{i\max}\right) \tag{6-23}$$

此时设计合理的参数 $\eta_i > d_i$ 使得

$$\frac{\mathrm{d}V}{\mathrm{d}t} \leqslant -2\tilde{\boldsymbol{v}}^{\mathrm{T}}\boldsymbol{M}\tilde{\boldsymbol{v}} - \sum_{i=1}^{n}\left|s\right|\left(\eta_{i\min} - d_{i\max}\right) < -2\tilde{\boldsymbol{v}}^{\mathrm{T}}\boldsymbol{M}\tilde{\boldsymbol{v}} < 0 \tag{6-24}$$

经上述推导可知，车厢的速度误差可以收敛到零，即

$$\lim_{x\to\infty}\left\|v_i - v_0\right\| = 0 \tag{6-25}$$

同时，人工势能场函数的引入保证了相邻车厢间距保持在安全范围，即

$$\lim_{x \to \infty} \|x_i - x_j\| = r_{ij}, r_{ij} \in [9.5, 10.5] \tag{6-26}$$

至此，控制器稳定性证明完毕。

通过定理 6.1 和构造李雅普诺夫函数进行理论分析得到：复合控制器中的 u_{i1} 是一致性控制器，通过相邻车厢之间以及车厢与领航者之间的信息交换，误差系统 (6-19) 渐进收敛到零，最终达到 $\lim_{t \to \infty} |v_i - v_0| = 0, \forall i = 0,1,\cdots,n$，实现了各节车厢对目标曲线的跟踪。$u_{i2}$ 为人工势能场控制器，该控制器的作用表现为聚合和分离的作用，车间距即将超过安全距离时势能场表现为聚合作用，避免列车硬件损伤；相邻列车即将发生碰撞时势能场表现为分离作用，避免列车发生碰撞，实现 $\lim_{t \to \infty} |x_i - x_0| = r_{ij}, r_{ij} \in (9.5, 10.5) \forall i = 0,1,\cdots,n$，做到了相邻车厢始终处于安全车距。$u_{i3}$ 为滑模变结构控制器，该控制器的出现有效地处理了扰动观测器不精确带来的观测误差。值得一提的是，相较于文献[8]，[9]，[10]中的一致性算法，u_{i3} 的加入也扩大了算法的应用范围，目标值由定值放宽为导数有界的任意函数。

综上所述，具有不确定性多智能体动车组的鲁棒一致性算法设计步骤如下：

（1）沿用第 5 章中的被控对象模型。

（2）考虑未知不确定性对控制算法造成的影响，设计滑模扰动观测器首先扰动进行在线估计，滑模观测器的关键在于对原有模型的复制；利用滑模等值原理对未知不确定性进行重构。

（3）考虑到加入了对车厢间距的控制，在第 5 章的基础上设计了带有人工势能场函数的一致性控制算法。

（4）设计李雅普诺夫函数，证明了集成滑模观测器、人工势能场函数、滑模型控制器与 Consensus 控制器的复合控制器的稳定性。

6.3　仿真验证及结果分析

本章针对所设计的算法及其理论进行仿真验证，给出分布式动车组的模型参数，具体如下：$m_i = 80\,000\,\text{kg}, (i = 1,2,\cdots,6)$；未知外部扰动的数学模型：$d_{fi} = a_{1i} + a_{2i}v_i + a_{3i}v_i^2 + \varPsi_i$，其中运行阻力常数为 $a_{1i} = 0.000\,16\,\text{N}\cdot\text{s}^2/(\text{m}^2\,\text{kg})$，$a_{2i} = 0.000\,776\,16\,\text{N}\cdot\text{s}/(\text{mkg})$，$a_{3i} = 0.011\,76\,\text{N/kg}$，上述参数是满足 CRH 型列车的阻力参数，此外，选择缓变、突变、高频和脉冲信号代替运行过程中的未知附加阻力 $\varPsi_i$，分别施加在不同的车厢上，用此来反映线路的复杂性和多变性。

6.3.1　滑模观测器仿真及结果分析

为了准确地估计出非线性项与不确定性扰动组成的复合扰动 $f_{ri}(\cdot)$，设计滑模观测器对扰动进行估计，设计参数如下：$w = \operatorname{diag}[30,33,50,32]$，$\eta = \operatorname{diag}[60,15,30,15]$。如式(2-8)所示，设置 $k_{0i} = 80\,000 \text{ N/m}$，$\varepsilon = -0.5$，则复合扰动的具体形式如下：

$$
\begin{aligned}
f_{ri}(\cdot) &= \left[\sum_{i=1}^{n} (-1)^i a_{ij} f_i - d_{fi}(\cdot) \right] \Big/ m_i \quad (i = 1,2,3,\cdots) \\
&= \left(1 - 0.5\Delta x_{i-1}^2\right)\Delta x_{i-1}^2 - \left(1 - 0.5\Delta x_i^2\right)\Delta x_i^2 - \\
&\quad \left(0.000\,16 + 0.000\,776\,16 v_i^2 + \varPsi_i\right)
\end{aligned}
\tag{6-27}
$$

仿真结果如图 6-2 ~ 图 6-5 所示。

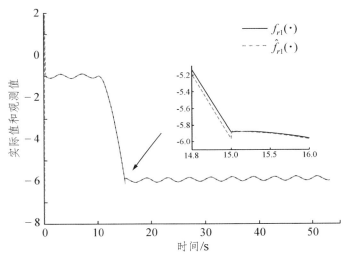

图 6-2　缓变扰动的观测效果

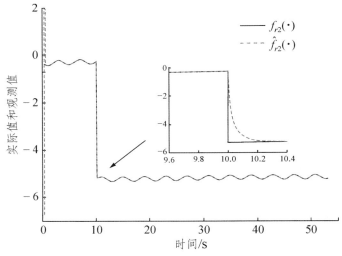

图 6-3　突变扰动的观测效果

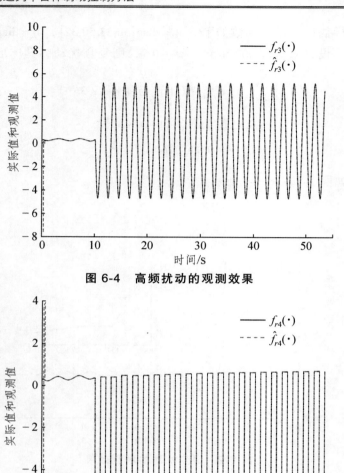

图 6-4 高频扰动的观测效果

图 6-5 脉冲扰动的观测效果

图 6-2 ~ 图 6-5 是实际复合扰动与扰动观测值的对照情况，虚线是扰动的观测值，实线是扰动的实际值，图中表明扰动的观测值除了在系统开始阶段存在一定误差，在极短的时间内误差就收敛到 0，实现了精准的观测作用。此外，系统在 10 s 时为了模拟弯道、坡道和隧道等附加阻力，增加了附加阻力。由图表明，观测器能很好地适应突变的扰动，误差在 0.2 s 左右的时候迅速收敛，再次实现精准跟踪。

6.3.2 跟踪控制器仿真及结果分析

对动车组制动过程的精准控制，实质是对目标制动曲线的精准跟踪。目标制动曲线只传递给虚拟领航者 carriage0，跟随者 carriage1，2，3，4 跟踪虚拟领航者的动态输出且相邻车厢发生信息交换，各个车厢之间的信息交互关系图如图 6-6 所示，于是有 $a_{i0}=1$，$a_{ij}=1, j=i+1$。目标制动曲线是初速度为 80 m/s、减速度为 $1.5\,\text{m/s}^2$ 的制动曲线，车间距的设定值为 10 m（此处，车间距是指两节动车组质心之间的距离，详细描述见第 2 章）。于是得到下述数据：

位移和速度的目标曲线为 $X_r = 80t - 0.75t^2$；$V_r = 80 - 1.5t$。系统矩阵参数设置与第 4 章中相同。在此不再赘述。

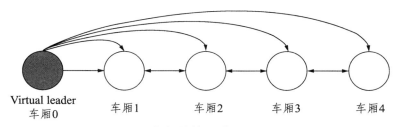

图 6-6　多智能体系统通信关系图

滑模项增益分别为 $C = \text{diag}[20,16,23,16]$。

图 6-7 为多车位置-速度曲线的三维图，展示了 Leader-Follower 系统的位置和速度图像。如图 6-7 所示，制动指令在 1 000 m 的位置处发出，速度随着位置的增加不断减小到零。

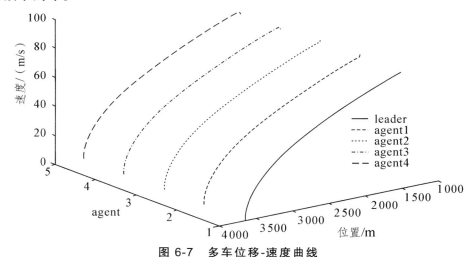

图 6-7　多车位移-速度曲线

如图 6-8 所示，对于领航跟随者系统，领航者的初始速度为 80 m/s，跟随者系统的四台车的初始速度各不相同，分别是 82 m/s、81 m/s、76 m/s、77 m/s。各个车体速度在极短的时间内跟踪上了目标速度曲线。

由图 6-9 可知，多智能体系统的速度在 0.2 s 的时候实现了一致性跟踪，速度的误差也在 0.2 s 的时间内迅速收敛到 0。在整个制动过程中，速度的跟踪始终保持较高的跟踪精度。

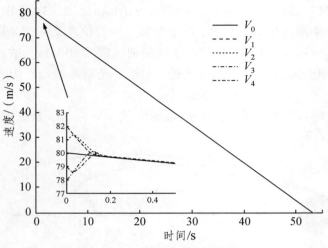

图 6-8　多车速度跟踪效果

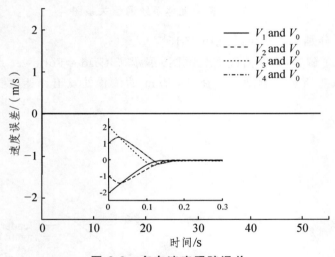

图 6-9　多车速度跟踪误差

　　如图 6-10 和图 6-11 所示，对于整个领航-跟随系统，以领航者的初始位置为参考点，设计 agent0 的初始位置为 0 m，那么跟随系统中 agent1 至 agent4 的初始位置分别是：0 m、－10 m、－20 m、－30 m。如图 6-10 所示：在整个制动过程中，车间距始终稳定在初始间距左右，说明各个车厢的位移也较好地得到了控制。

　　图 6-12 为车厢间距的实时变化量。由人工势能场函数的表达式可知，当车间距接近或达到车厢安全距离的上下界限时，控制器会有较大输出，此时含有人工势能场函数的复合控制器就是提供一个较大的力，使各个智能体迅速跟踪目标曲线，进而迫使相邻车厢间距迅速拉回到安全距离。跟随者系统的车间距安全范围为 9.5～10.5 m。如图 6-12 所示，车厢之间的间距在复合控制器的作用之下，始终保持在 9.5～10.5 m，保证了列车制动过程中车厢间的安全距离。

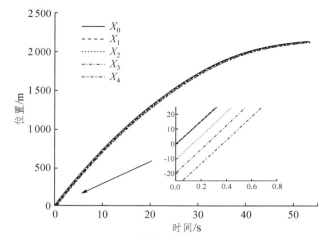

图 6-10　多车位移跟踪效果图

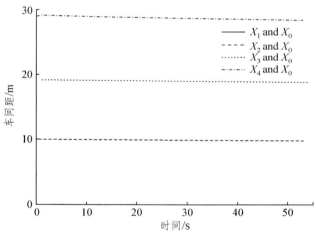

图 6-11　多车位移误差

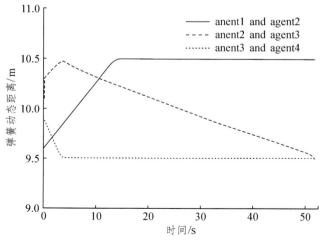

图 6-12　车厢间的间距变化量

为进一步说明该算法的鲁棒性和优越性，在不改变上述系统参数以及仿真参数的情况下，移除观测器在控制器中的反馈。由图 6-13 和图 6-14 可知，在制动过程进行到 10 s 时加入了附加扰动，带有观测器反馈值的速度跟踪曲线未出现明显波动，保持了较高的跟踪精度，而未带有观测器反馈的跟踪曲线在 10 s 处出现了一定的偏差，未能很好地保证跟踪精度；并且在制动过程进行到 22 s 和 43 s 时，未带有观测器的跟踪效果又出现了不同程度的跟踪误差。综上所述，含有观测器反馈值的跟踪控制器具有更高的跟踪精准度和抗干扰能力。

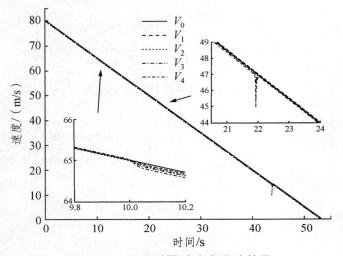

图 6-13　无观测器时速度跟踪效果

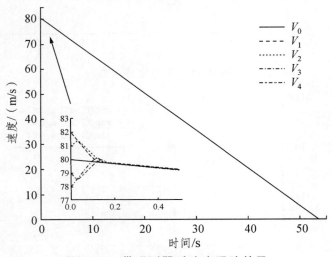

图 6-14　带观测器时速度跟踪效果

为进一步验证本书所提算法在收敛速度和跟踪精度上的优越性，选取研究内容较为相似的文献[8]中的实验结果与本书结果进行对比。首先重复了文献[8]中的仿真实验，假设车厢由 3 节车厢组成，列车模型参数如文献[8]所示，一致性算法的参数设置也参考文献[8]，设置仿真时间为 200 s，列车期望速度为 80 m/s，三节车厢的初始速度分别为 85 m/s、84 m/s、83 m/s，并将其算法用 TCA（Traditional Consensus Algorithm）命名。其次，在不改变列车模型和控制目标的情况下，使用本书提出的算法进行仿真实验，并将本书所提出的算法用 CA+SMC（Consensus Algorithm + Sliding Mode Control）命名。如图 6-15 和图 6-16 所示，V_r 为列车设定的目标值，V_1, V_2, V_3 分别为 3 节车厢的实时速度。

由图 6-15 和图 6-16 可知：① TCA 算法较好地重复了文献[8]的仿真结果；② 本书所提 CA+SMC 算法在收敛速度和跟踪精度上均优于文献[8]提出的 TCA 算法。

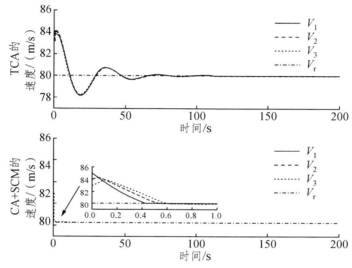

图 6-15　速度跟踪效果

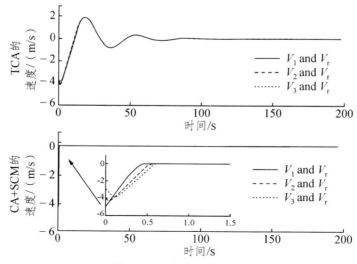

图 6-16　速度跟踪误差

6.4 半实物仿真实验及结果分析

为了更好地评测控制器的有效性和正确性，设计半实物仿真实验。由于动车组实际模型难以构建，利用 MATLAB 强大的仿真功能，在 Simulink 环境中搭建动车组的数学模型。RT-Lab 是一个模块化的半实物仿真平台，由 DSP 控制器、OP5600 仿真机、上位机、连接线等组成。在 RT-Lab 的实验过程中，将 Simulink 环境下的动车组模型导入 RT-Lab 实验平台，并在 OP5600 中运行；将所设计的鲁棒一致性跟踪控制器模型转化为 C 语言程序导入 DSP 控制器，至此实现了半实物实验平台的搭建，如图 6-17 所示。

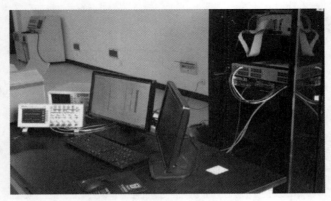

图 6-17 RT-Lab 实验平台

图 6-18 和图 6-19 是领航者对目标制动曲线的跟踪效果，具有较高的跟踪精度，并且与 MATLAB 仿真结果一致。

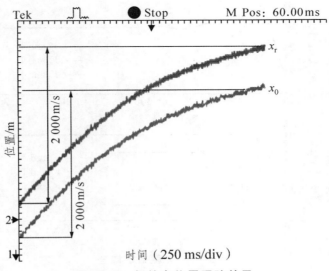

图 6-18 领航者位置跟踪效果

图 6-20 和图 6-21 是跟随者对目标制动曲线的跟踪效果，具有较高的跟踪精度，并且与 MATLAB 仿真结果一致。

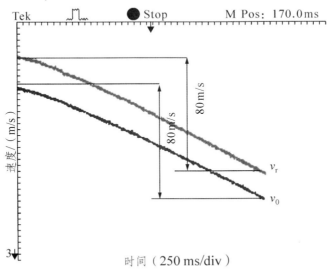

图 6-19　领航者速度跟踪效果

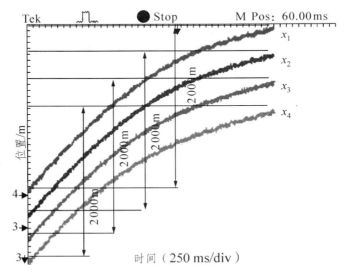

图 6-20　领航者位置跟踪效果

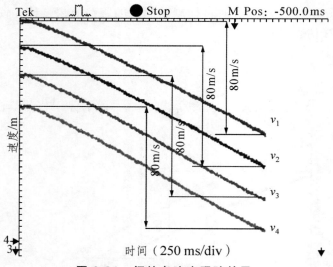

图 6-21　领航者速度跟踪效果

6.5　本章小结

在第 5 章研究的基础上，本章进一步研究了分布式动车组在制动过程中的速度跟踪控制问题，旨在解决制动过程中非线性车间耦合力与未知不确定扰动对跟踪精度造成的影响，并保证相邻车厢始终处于安全车间距。同时，设计分布式滑模变结构扰动观测器，对位置扰动和非线性所组成的复合项进行观测，并作为补偿反馈给控制器；设计带有人工势能场函数的一致性跟踪控制器，一致性算法保证各车厢速度达到同步，人工势能场函数保证了相邻车厢之间始终保持在安全的车间距。基于此得到了鲁棒一致性跟踪控制算法。最后，通过理论计算和数值仿真对该算法以及滑模扰动观测器的收敛性进行了分析，证明了算法的正确性和有效性，并设计半实物仿真实验，进一步证明了该算法的可行性。

参考文献

[1]　贾林. 基于滑模变结构的永磁同步电机控制方法研究[D]. 株洲：湖南工业大学，2014.

[2]　Zhang C，Han W，Jing H，et al. Consensus Tracking for Multi-Motor System via Observer Based Variable Structure Approach[J]. Journal of the Franklin Institute，2015，352（8）：3366-3377.

[3]　李中奇，杨辉，张坤鹏，付雅婷. 基于多智能体模型的动车组分布式预测控制（英文）[J]. 自动化学报，2014，40（11）：2625-2631.

[4]　Su H，Wang X，Lin Z. Flocking of Multi-Agents With a Virtual Leader[J]. IEEE Transactions on Automatic Control，2009，54（2）：293-307.

[5]　Li S，Yang L，Gao Z. Adaptive coordinated control of multiple high-speed trains with input saturation[J]. Nonlinear Dynamics，2015，83（4）：1-13.

[6]　Zhang C，He J，Jia L，et al. Virtual line-shafting control for permanent magnet synchronous motor systems using sliding-mode observer[J]. Control Theory & Applications Iet，2015，9（3）：456-464.

[7]　张昌凡，张森滢，张发明，等. 一种检测永磁同步电机失磁的级联观测器[J]. 电机与控制学报，2017，21（2）：45-54.

[8]　Zhao Y，Wang T，Karimi H R. Distributed cruise control of high-speed trains [J]. Journal of the Franklin Institute. 2017，354（14）：6044-6061.

[9]　Li S，Yang L，Gao Z. Coordinated cruise control for high-speed train movements based on a multi-agent model[J]. Transportation Research Part C，2015，56：281-292.

[10]　Li S，Yang L，Gao Z. Adaptive coordinated control of multiple high-speed trains with input saturation[J]. Nonlinear Dynamics，2015，83（4）：1-13.

第 7 章　基于参数估计及滑模观测器的高速列车黏着制动控制研究

7.1　引　言

第 2 章介绍了考虑轮轨黏着特性的制动模型,为保证制动力分配施加的可靠性,本章对黏着制动控制算法展开深入研究。有效且可靠的制动控制,是高速列车安全运营的重要前提。目前,列车制动力的发挥主要依靠轮轨间的黏着力,而轮轨间的黏着具有复杂的强非线性,黏着力的大小也是有限的,这就使得黏着控制方法的设计具有一定的难度。施加过大的制动力,将会使车轮与轨面之间产生滑行,严重影响列车的运行安全,而不足的制动力又不能满足列车的制动需求。因此,如何保证制动力的有效发挥,实现最优的黏着制动,是当前高速列车制动防滑控制中需要研究的重要问题。

在高速列车制动过程中,制动闸片与轮对间存在着复杂的机械机理和时变未知的扰动。因此,控制方法的设计应考虑这些不确定因素的影响,以满足列车实际的运行工况。鉴于此,本章在第 2 章含有未知黏着摩擦系数及扰动的单轮对列车制动动力学模型的基础上,为解决制动系统中引入未知量造成控制器难以设计的问题,通过设计两个滑模观测器对未知量进行精确估计,并将估计值代入终端滑模控制器的设计中。该方法可满足控制精度的要求,确保制动力的有效发挥,并能提高系统的抗干扰能力。

7.2　基于滑模控制的黏着制动算法

7.2.1　模型建立与问题描述

为后续控制律的设计方便,现对式(2-10)和式(2-11)描述的数学模型中的变量重新定义:

$$\begin{cases} x_1 = v \\ x_2 = \omega \cdot r \\ U = F_{\mathrm{K}} \cdot r_{\mathrm{z}} \\ f_{\mathrm{D}} = (T_{\mathrm{D}} - B_{\mathrm{t}}\omega) \end{cases} \tag{7-1}$$

式中，U 为制动力矩；f_{D} 为系统总的未知量。

本章的控制目标是：通过调节制动力矩的大小间接控制蠕滑率，实现列车实际的蠕滑率对最优蠕滑率的跟踪，保证列车始终运行在黏着特性曲线峰值点附近，从而确保最佳的制动性能。

7.2.2　参考蠕滑率的估计

列车在实际运行时轨面是时变的，而现有的一些黏着控制方法，大多将参考蠕滑率选为定值，这样将会降低黏着控制的精度。因此，为提高黏着制动控制系统的精确性，需要引入一套推理机制，根据列车实际运行的轨面特性，实时更新参考蠕滑率。

由图 2-3 黏着特性曲线可知，不同轨面的黏着系数都存在着唯一的峰值点。进一步分析式(2-9)及黏着特性曲线可知，不同轨面的黏着系数最大值对应的蠕滑率在一阶导数等于零处，因此对式(2-9)求导可得[1]

$$\frac{\mathrm{d}\mu}{\mathrm{d}\lambda} = \frac{\mu_0(1 - P_2\lambda^2)}{(1 + P_1\lambda + P_2\lambda^2)^2} = 0 \tag{7-2}$$

求解式(7-2)并根据式(2-9)可得峰值点处的蠕滑率 λ_{m} 和黏着系数 μ_{m} 为

$$\mu_{\mathrm{m}}(\lambda_{\mathrm{m}}) = \frac{\mu_0}{P_1 + 2\sqrt{P_2}}, \quad \lambda_{\mathrm{m}} = \frac{1}{\sqrt{P_2}} \tag{7-3}$$

由式(7-3)可知最优蠕滑率和黏着系数由 P_1、P_2 决定，因此，若能估计出 P_1、P_2 的值，即可得到当前轨面的最优蠕滑率和黏着系数。

对此，学者们提出的参数估计的方法也有很多，如极大似然法估计方法、递归最小二乘法估计等。本书采用文献[1]带有时变遗忘因子的递归最小二乘法来估计参数矩阵 $\boldsymbol{\theta}(k)$，具体表达式如下：

$$\hat{\boldsymbol{\theta}}(k+1) = \hat{\boldsymbol{\theta}}(k) + \boldsymbol{K}(k+1)[\boldsymbol{Y}(k+1) - \boldsymbol{U}^{\mathrm{T}}(k+1)\hat{\boldsymbol{\theta}}(k)] \tag{7-4}$$

$$\boldsymbol{K}(k+1) = \boldsymbol{P}(k)\boldsymbol{U}(k+1)[\boldsymbol{\rho} + \boldsymbol{U}^{\mathrm{T}}(k+1)\boldsymbol{P}(k)\boldsymbol{U}(k+1)]^{-1} \tag{7-5}$$

$$\boldsymbol{P}(k+1) = \frac{1}{\rho}[\boldsymbol{P}(k) - \boldsymbol{K}(k+1)\boldsymbol{U}^{\mathrm{T}}(k+1)\boldsymbol{P}(k)] \tag{7-6}$$

式中，$\boldsymbol{K}(k+1)$、$\boldsymbol{P}(k+1)$ 为中间变量矩阵；ρ 为遗忘因子，$0 < \rho < 1$。

当轨面发生较大改变时，蠕滑率也会相应变化。若采用固定的遗忘因子，则不能有效跟踪轨面的变化，因此引入时变的遗忘因子为[2, 3]

$$\rho = \frac{1}{1 + \alpha \left| \dfrac{\mathrm{d}\lambda}{\mathrm{d}t} \right|} \tag{7-7}$$

式中，α 为大于零的正常数。

7.2.3　制动控制器的设计

根据式(7-1)，式(2-10)、式(2-11)和式(2-12)可转化为

$$\begin{cases} \dot{x}_1 = -\dfrac{F}{M} \\ \dot{x}_2 = \dfrac{Fr^2}{J} - \dfrac{rU}{J} + \dfrac{f_{\mathrm{D}}r}{J} \\ \lambda = \dfrac{x_1 - x_2}{x_1} \end{cases} \tag{7-8}$$

定义蠕滑率的跟踪误差 e 为

$$e = \lambda - \lambda_{\mathrm{p}} \tag{7-9}$$

式中，λ_{p} 为参考蠕滑率。

对式(7-9)求导并结合式(7-8)可得

$$\begin{aligned} \dot{e} = \dot{\lambda} - \dot{\lambda}_{\mathrm{p}} &= \frac{\partial \lambda}{\partial x_1} \dot{x}_1 + \frac{\partial \lambda}{\partial x_2} \dot{x}_2 - \dot{\lambda}_{\mathrm{p}} \\ &= \frac{x_2}{x_1^2} \dot{x}_1 - \frac{\dot{x}_2}{x_1} - \dot{\lambda}_{\mathrm{p}} \end{aligned} \tag{7-10}$$

将式(7-8)代入式(7-10)可得误差动态方程如下：

$$\dot{e} = -\frac{x_2 F}{x_1^2 M} - \frac{r}{Jx_1}(Fr + f_{\mathrm{D}}) - \dot{\lambda}_{\mathrm{p}} + \frac{r}{Jx_1}U \tag{7-11}$$

本书选取如下非奇异终端滑模面[4, 5]：

$$s = \frac{1}{\beta} e^{p/q} + \int e \mathrm{d}t \tag{7-12}$$

式中，β 为大于零的常数；p，q 均为正奇数，且 $1 < p/q < 2$。

对式(7-12)终端滑模面 s 求导可得

$$\dot{s} = e + \frac{1}{\beta}\frac{p}{q}e^{(p/q-1)}\dot{e}$$

$$= e + \frac{1}{\beta}\frac{p}{q}e^{(p/q-1)}\left[-\frac{x_2 F}{x_1^2 M} - \frac{r}{Jx_1}(Fr+f_D) - \dot{\lambda}_p + \frac{r}{Jx_1}U\right] \tag{7-13}$$

设计非奇异终端滑模控制器为

$$U = \frac{JFx_2}{rMx_1} + (Fr+f_D) - \frac{Jx_1}{r}\left[\beta\frac{q}{p}e^{(2-p/q)} - \dot{\lambda}_p + \eta\,\mathrm{sgn}(s)\right] \tag{7-14}$$

引理 7.1：对于式(7-8)描述的非线性系统和式(7-12)定义的非奇异终端滑模面，设计如式(7-14)所示的控制律，且 η 大于零，则系统误差 e 在有限时间内收敛到零。

证明：选取李雅普诺夫函数为

$$V = \frac{1}{2}s^2 \tag{7-15}$$

对式(7-15)求导可得

$$\begin{aligned}
\dot{V} = s\dot{s} &= s\left[e + \frac{1}{\beta}\frac{p}{q}e^{(p/q-1)}\dot{e}\right]\\
&= s\left\{e + \frac{1}{\beta}\frac{p}{q}e^{(p/q-1)}\left[-\frac{x_2 F}{x_1^2 M} - \frac{r}{Jx_1}(Fr+f_D) - \dot{\lambda}_p + \frac{r}{Jx_1}U\right]\right\}\\
&= s\left[e + \frac{1}{\beta}\frac{p}{q}e^{(p/q-1)}\left(-\frac{x_2 F}{x_1^2 M} - \frac{r}{Jx_1}(Fr+f_D) - \dot{\lambda}_p + \right.\right.\\
&\qquad \left.\left.\frac{r}{Jx_1}\left\{\frac{JFx_2}{rMx_1} + (Fr+f_D) - \frac{Jx_1}{r}\left[\beta\frac{q}{p}e^{(2-p/q)} - \dot{\lambda}_p + \eta\,\mathrm{sgn}(s)\right]\right\}\right)\right]\\
&= s\left\{e + \frac{1}{\beta}\frac{p}{q}e^{(p/q-1)}\left[-\frac{x_2 F}{x_1^2 M} - \frac{r}{Jx_1}(Fr+f_D) - \dot{\lambda}_p + \right.\right.\\
&\qquad \left.\left.\frac{x_2 F}{x_1^2 M} + \frac{r}{Jx_1}(Fr+f_D) - \beta\frac{q}{p}e^{(2-p/q)} + \dot{\lambda}_p - \eta\,\mathrm{sgn(s)}\right]\right\}\\
&= -\frac{1}{\beta}\frac{p}{q}e^{(p/q-1)}\eta|s|
\end{aligned} \tag{7-16}$$

由式(7-16)可得

$$\dot{V} = s\dot{s} = -\frac{1}{\beta}\frac{p}{q}e^{(p/q-1)}\eta|s| \leqslant 0 \tag{7-17}$$

则系统满足到达滑模面的条件，到达滑模面后，根据滑模等值原理，有 $s = \dot{s} = 0$，根据式(7-12)可知系统误差将在有限时间内收敛到零，证毕。

7.2.4 滑模观测器的设计

针对式(7-14)设计的控制律，其中包含了 f_D 和 F 非线性未知项，这将给控制器的实现带来巨大的困难。为解决此问题，本书采用滑模观测器对未知量 f_D 和 F 进行估计，并将估计值反馈到控制器的设计中，以此削弱未知扰动带来的干扰，提高整个系统的鲁棒性。

标注 7.1：假设列车制动过程中的未知扰动 T_D 为有界变量，由式(7-1)和式(7-18)可知 F_M 为有界变量，即 $|F_M| \leqslant D$。

为便于滑模观测器的设计，首先定义如下变量 F_M 为

$$F_M = \frac{Fr^2}{J} + \frac{f_D r}{J} \tag{7-18}$$

则系统式(7-8)可转化为

$$\begin{cases} \dot{x}_1 = -\dfrac{F}{M} \\ \dot{x}_2 = -\dfrac{rU}{J} + F_M \end{cases} \tag{7-19}$$

设计如下滑模观测器对未知量进行精确估计[6, 7]：

$$\begin{cases} \dot{\hat{x}}_1 = v_1 \\ v_1 = k_1 \operatorname{sgn}(x_1 - \hat{x}_1) \end{cases} \tag{7-20}$$

$$\begin{cases} \dot{\hat{x}}_2 = -\dfrac{Ur}{J} + v_2 \\ v_2 = k_2 \operatorname{sgn}(x_2 - \hat{x}_2) \end{cases} \tag{7-21}$$

式中，$\hat{x}_1$、$\hat{x}_2$ 分别为状态变量 x_1、x_2 的观测值；k_1、k_2 为待设计的大于零的常数；sgn 为符号函数。

定义观测器的偏差如下：

$$e_1 = x_1 - \hat{x}_1; e_2 = x_2 - \hat{x}_2 \tag{7-22}$$

对式(7-22)求导，再根据式(7-19)～(7-21)可得观测偏差的动态方程为

$$\dot{e}_1 = \dot{x}_1 - \dot{\hat{x}}_1 = -\frac{F}{M} - k_1 \operatorname{sgn}(e_1) \tag{7-23}$$

$$\begin{aligned} \dot{e}_2 = \dot{x}_2 - \dot{\hat{x}}_2 &= -\frac{rU}{J} + F_M - \left(-\frac{rU}{J} + v_2\right) \\ &= F_M - k_2 \operatorname{sgn}(e_2) \end{aligned} \tag{7-24}$$

引理 7.2：对于式(7-19)所设计的观测器式(7-20)和式(7-21)，当 k_1、k_2 足够大时，观测误差将渐进收敛至零[8]，则可得未知量估计值的等效表达式为 $\hat{F} = -Mk_1 \operatorname{sgn}(e_1)$，$\hat{F}_M = k_2 \operatorname{sgn}(e_2)$。

证明：步骤一，选取李雅普诺夫函数为

$$V_1 = \frac{1}{2}e_1^2 \tag{7-25}$$

对式(7-25)求导并结合式(7-23)可得

$$
\begin{aligned}
\dot{V}_1 &= e_1\dot{e}_1 = e_1(\dot{x}_1 - \dot{\hat{x}}_1) \\
&= e_1\left[-\frac{F}{M} - k_1\,\mathrm{sgn}(e_1)\right] \\
&= -e_1\frac{F}{M} - k_1|e_1| \leqslant |e_1|\left|\frac{F}{M}\right| - k_1|e_1| = |e_1|\left(\left|\frac{F}{M}\right| - k_1\right)
\end{aligned}
\tag{7-26}
$$

设计 k_1 使其满足如下条件：

$$k_1 \geqslant \left|\frac{F}{M}\right| + \sigma \tag{7-27}$$

式中，σ 为大于零的常数，则可得到

$$\dot{V}_1 \leqslant -\sigma|e_1| \leqslant 0 \tag{7-28}$$

因此，系统满足到达滑模面的条件，到达滑模面 $s_1 = e_1$ 后，根据滑模等值原理 $s_1 = \dot{s}_1 = 0$，则有[9, 10]

$$e_1 = \dot{e}_1 = 0 \tag{7-29}$$

再根据式(7-23)可得

$$\hat{F} = -Mk_1\,\mathrm{sgn}(e_1) \tag{7-30}$$

步骤二，选取李雅普诺夫函数：

$$V_2 = \frac{1}{2}e_2^2 \tag{7-31}$$

对式(7-31)求导并结合式(7-24)可得

$$
\begin{aligned}
\dot{V}_2 &= e_2\dot{e}_2 = e_2(\dot{x}_2 - \dot{\hat{x}}_2) = e_2[F_M - k_2\,\mathrm{sgn}(e_2)] = e_2 F_M - k_2|e_2| \\
&\leqslant |e_2||F_M| - k_2|e_2| = |e_2|(|F_M| - k_2)
\end{aligned}
\tag{7-32}
$$

设计 k_2 使其满足如下条件：

$$k_2 \geqslant |F_M| + \delta \tag{7-33}$$

式中，δ 为大于零的常数，则可得到

$$\dot{V}_2 \leqslant -\sigma|e_2| \leqslant 0 \tag{7-34}$$

则系统满足到达滑模面的条件，到达滑模面 $s_2 = e_2$ 后，根据滑模等值原理有

$s_2 = \dot{s}_2 = 0$，则有

$$e_2 = \dot{e}_2 = 0 \tag{7-35}$$

再根据式(7-24)可得

$$\hat{F}_{\mathrm{M}} = k_2\,\mathrm{sgn}(e_2) \tag{7-36}$$

证毕。

将式(7-30)代入式(7-18)，并根据式(7-36)可得 f_{D} 的观测值表达式为

$$\hat{f}_{\mathrm{D}} = \frac{Jk_2\,\mathrm{sgn}(e_2)}{r} + rMk_1\,\mathrm{sgn}(e_1) \tag{7-37}$$

因此，为控制律的实现，将观测值 $\hat{f}_{\mathrm{D}}$、$\hat{F}$ 代替实际值 f_{D}、F 代入控制器的设计当中，由式(7-14)可得

$$U = \frac{J\hat{F}x_2}{rMx_1} + (\hat{F}r + \hat{f}_{\mathrm{D}}) - \frac{Jx_1}{r}\left[\beta\frac{q}{p}e^{(2-p/q)} - \dot{\lambda}_{\mathrm{p}} + \eta\,\mathrm{sgn}(s)\right] \tag{7-38}$$

为更直观地展现本书描述的最优黏着制动控制算法流程，绘制如图 7-1 所示的高速列车黏着制动控制框图。

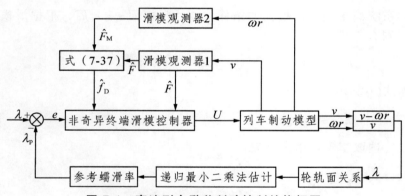

图 7-1　高速列车黏着制动控制结构框图

根据图 7-1 展示的控制结构框图以及设计的控制算法，现将本书描述的最优黏着制动控制算法总结如下：

（1）由 4.2 节引入带有时变遗忘因子递归最小二乘算法估计轨面参数，从而得到不同轨面的参考蠕滑率。

（2）由式(7-20)和式(7-21)设计的滑模观测器对系统未知量进行估计，式(7-30)用以估计 F，式(7-37)用以估计 f_{D}。

（3）由式(7-14)设计控制器，并将式(7-30)和式(7-37)的观测值代入式(7-14)，从而得到式(7-38)控制律。

为减少滑模控制作用的抖振，本书采用继电特性连续化函数 $\theta(s)$ 代替符号函数 $\mathrm{sgn}(s)$，其表达式如下：

$$\theta(s) = s /(|s| + \varepsilon) \tag{7-39}$$

式中，ε 为很小的正常数。

7.3　仿真验证及结果分析

为说明本书提出的最优黏着制动控制算法的有效性，在 MATLAB/Simulink 仿真环境下设计列车运行于两种不同轨面状态并进行验证，同时与 PI 控制方法进行对比。第一个仿真实验设置列车运行于单一轨面，以检验本书控制算法的效果；由于列车在实际运行中，轨面环境不是单一不变的，受多种因素的影响。所以，第二个仿真实验设置在轨面环境不断发生变化的情况下，考察本书算法是否具有应对外部环境变化的能力，以及相应的控制效果。另外，为模拟列车实际运行时测量数据存在的干扰性，在估计参数 P_1、P_2 时加入了均值为 0、方差为 0.1 的高斯噪声。本书相应的仿真参数设置如表 7-1 ～ 表 7-3 所示。

表 7-1　高速列车的仿真参数

参数	符号	数值
轴重/kg	M	9 870
车轮半径/m	r	0.5
转动惯量/(kg·m^2)	J	240
重力加速度/(m·s^{-2})	g	9.8
外部扰动	T_D	10 sin (t)
黏滞摩擦系数/(kg·m·s^{-1})	B_t	0.24+0.01 sin (t)

表 7-2　滑模观测器的仿真参数

参数	数值
k_1	50
k_2	60

表 7-3　黏着制动控制器的仿真参数

参数	数值
p	7
q	5
η	8
β	1

7.3.1 单轨面仿真及结果分析

本次仿真设置列车运行于单一的低黏着轨面，模拟列车以 55 m/s（198 km/h）的初速度开始进行制动，仿真时间设置为 10 s。为便于观察参数估计的结果，下面只给出参数估计仿真前 0.5 s 的仿真结果。

  1. 轨面参数估计

图 7-2、图 7-3 为轨面参数 P_1、P_2 的估计仿真结果，其中实线为参数实际值，虚线为算法的估计值。由图 7-2 可知，估计值能快速地收敛于实际值。从局部放大图进一步可看出在 0.1 s 之前估计值在实际值上下小范围振荡，在 0.3 s 左右收敛于

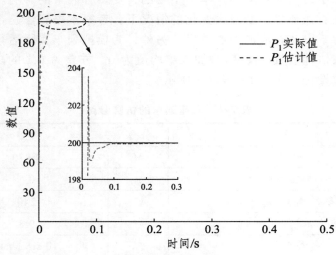

图 7-2　P_1 实际值与估计值

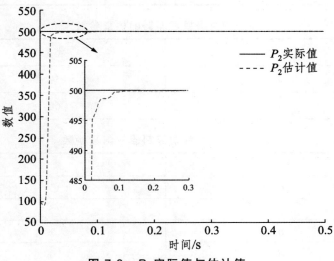

图 7-3　P_2 实际值与估计值

实际值。由图 7-3 可知，相比于参数 P_1 估计的曲线，参数 P_2 估计曲线波动较为平缓，在 0.2 s 左右即可跟踪上实际值。由此仿真结果表明，本书估计算法对单一轨面的参数估计具有较高的准确度。

2. 未知量的观测

图 7-4 ~ 图 7-6 为未知量观测的仿真结果，其中实线为实际值，虚线为观测值。图 7-4 为 F 的实际值与观测值，从局部放大图可知，观测值在 0.1 s 左右即可收敛于实际值。图 7-5 为 F_M 的实际值与观测值，从局部放大图可知，观测值在 0.05 s 有较小的抖动，在 0.1 s 即可收敛于实际值。图 7-6 为 f_D 的实际值与观测值，从局部放大图可知，在 0.05 s 之前观测值在实际值上下来回振荡，0.1 s 后收敛于实际值。由此仿真结果表明：在单轨面运行条件下，本书设计的观测器对未知量的观测具有较高的时效性与精准性，因此，可用观测值代替实际值反馈到控制器中，从而可满足制动控制设计的要求。

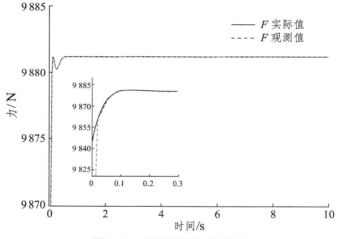

图 7-4　F 观测值与实际值

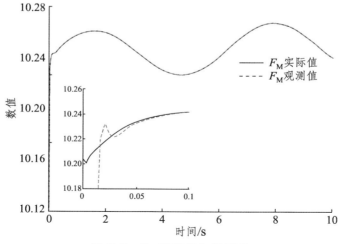

图 7-5　F_M 观测值与实际值

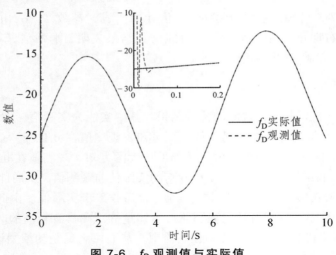

图 7-6 f_D 观测值与实际值

3. 列车运行图

图 7-7 为列车速度和轮对速度制动时的变化曲线，由图 7-7 可知，轮对速度曲线只在一开始出现较小波动，而后列车的制动曲线变化比较平缓，从而可实现平稳制动。图 7-8 为列车运行的蠕滑率及蠕滑率跟踪误差曲线，由图 7-8 可知，蠕滑率初始有所抖动，很快即稳定于一定值，跟踪误差在一开始为 0.01，随后很快收敛到 0。

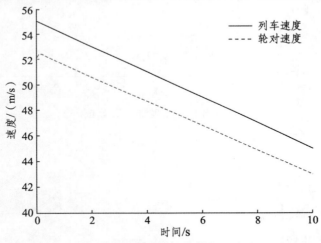

图 7-7 列车速度和轮对速度

由此说明，列车运行的蠕滑率很快便可跟上最优蠕滑率，图中蠕滑率的变化曲线也验证了这一变化。图 7-9 为列车制动过程中，黏着系数的变化曲线。由图 7-9 可知，黏着系数很快就可上升到 0.1 左右，也就是低黏着轨面条件下最大的黏着系数。图 7-10 为制动过程中列车提供的制动力矩变化曲线。由图 7-10 可知，制动力矩在一开始会有所抖动，随即变化比较平缓。由此仿真结果表明：列车可运行于低黏着轨面最大黏着点附近，从而可有比较充足的制动力。

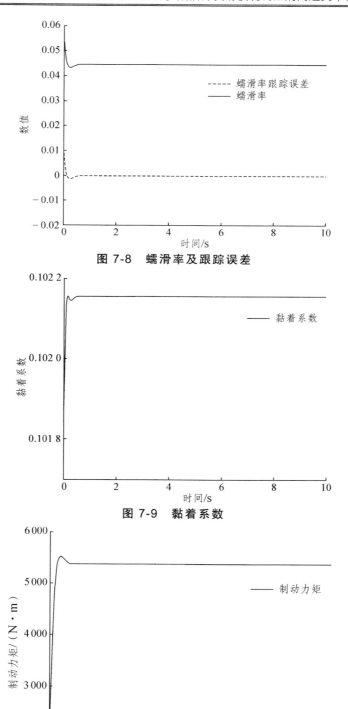

图 7-8　蠕滑率及跟踪误差

图 7-9　黏着系数

图 7-10　制动力矩

7.3.2 变轨面仿真及结果分析

本次仿真设置列车运行于 3 种不同的轨面环境，为考虑列车的实际运行情况，仿真模拟高速列车以 55 m/s（198 km/h）初速度开始进行制动，对其 30 s 内不同轨面条件的制动过程进行仿真说明。在前 10 s，设置列车运行在高黏着的轨面；10 ~ 20 s 运行于低黏着的轨面；20 ~ 30 s 则运行于极低黏着的轨面。

1. 轨面参数估计

图 7-11 为轨面参数 P_1 的实际值与估计值。在轨面环境突变时，估计算法不可避免地出现一定的偏差。从局部放大图可知，10 s 时估计误差在 1% 左右，随后在 10.06 s 收敛到实际值；20 s 时估计误差较大，但在 20.12 s 即可收敛到实际值。轨面参数 P_2 的实际值与估计值如图 7-12 所示。从局部放大图可知，10 s 时估计误差

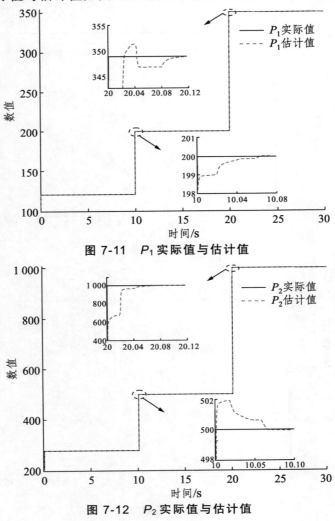

图 7-11　P_1 实际值与估计值

图 7-12　P_2 实际值与估计值

在 0.4%左右，随后在 10.1 s 跟踪到实际值；20 s 时出现较大偏差，随后在 20.08 s 即可跟踪到实际值。参数估计仿真表明，在测量数据存在干扰的情况下，对于时变的轨面，本书引入的估计算法都能很好地跟踪轨面状态的变化，正确估计出不同轨面的参数，表明本书引入的估计算法对复杂的轨面环境具有较强的适应性。

2. 未知量的观测

图 7-13 为 F_M 的实际值与观测值，可知对于不同的轨面状态，观测值都能较好地跟踪到给定值。10 s 和 20 s 是轨面发生变化的时刻，虽然观测值在此时都存在幅度较大的抖动，但很快就能收敛到实际值。从局部放大图中可知，其波形类似于三角函数波形，是因为 F_M 中含有扰动 T_D，T_D 在仿真时被设置为正弦函数。

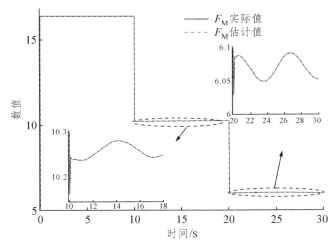

图 7-13 F_M 观测值与实际值

图 7-14 为 F 的实际值与观测值，同样在轨面切换时观测值出现一定幅值的抖动。

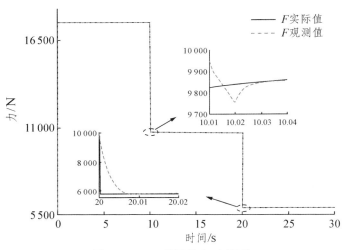

图 7-14 F 观测值与实际值

相比于图 7-13，F 观测值的波形在轨面切换时抖动较为平缓，偏差要小。从局部放大图可知，观测值在 10.04 s 和 20.01 s 就可收敛到实际值。由此可知，本书设计的观测器对 F 和 F_M 观测具有比较高的精准度，收敛速度很快。

图 7-15 为 f_D 的实际值与观测值。由式(7-37)可知，f_D 的观测值取决于 F 和 F_M 的观测值。前面已对 F 与 F_M 观测值的变化情况进行了详细分析。由图 7-15 可知，f_D 的观测值在 10 s 和 20 s 出现幅值较大的波动，这是因为 F 和 F_M 的观测值在轨面切换时都出现抖动，观测值出现了偏差。因此，图 7-15 中出现的尖端是合理的。综合观测器仿真结果可知：在轨面不断变换的情况下，本书设计的观测器对未知量的观测仍具有较高的时效性与精准性，因此可满足制动控制器设计的要求。

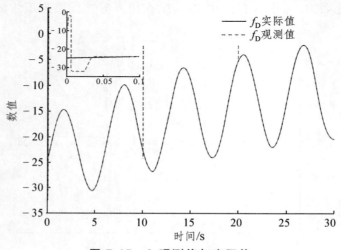

图 7-15　f_D 观测值与实际值

3. 列车运行图

图 7-16 为列车速度和轮对速度制动时的变化曲线，虽然轨面环境逐渐变差，但

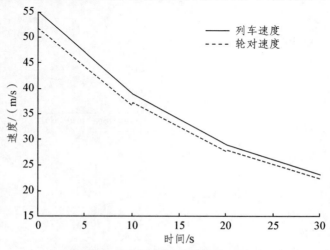

图 7-16　列车运行速度与轮对速度

在本书控制算法的作用下，列车制动曲线变化却比较平缓，只在轨面切换时出现较小抖动。图 7-17 为列车蠕滑率变化曲线，由图可知，对于参考蠕滑率的跟踪，不可避免地在轨面环境突变时发生波动，但很快又能收敛到给定值。图 7-18 为蠕滑率跟踪误差变化曲线，可知蠕滑率误差只在轨面环境变化时出现了较大的偏差，随后就收敛到零。

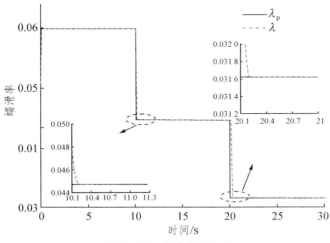

图 7-17　列车蠕滑率

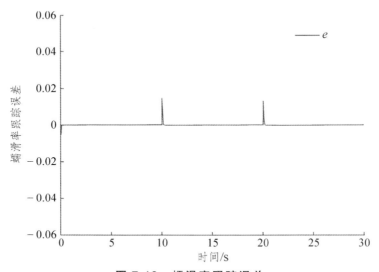

图 7-18　蠕滑率跟踪误差

图 7-19 为制动力矩变化曲线。由图可知，制动力矩在轨面变化的时刻出现很大的抖动，但很快即归于平稳。图 7-20 为列车运行黏着系数变化曲线，图中实线 μ_{max} 为不同轨面最大黏着系数的实际值。由图可知，在制动过程中，列车基本都能运行在不同轨面的最大黏着点附近，从而保证列车有比较充足的制动力。由仿真表明，本书控制算法可有效发挥列车的制动力，获取良好的制动效果。

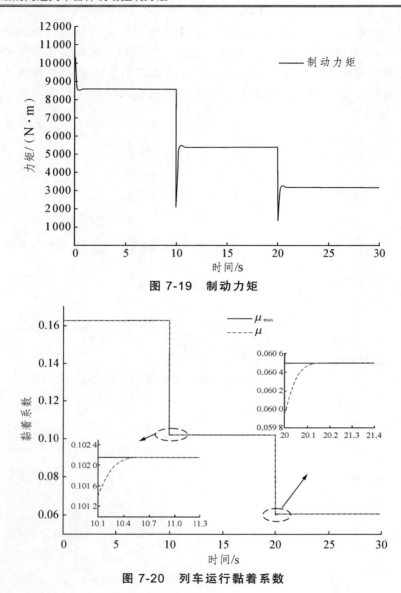

图 7-19   制动力矩

图 7-20   列车运行黏着系数

7.3.3   对比仿真及其结果分析

为了更好地说明本章提出的最优黏着制动控制算法的优越性，在变轨面仿真运行环境下，本书基于参数估计与滑模观测器的非奇异终端滑模控制方法（PESMC）与 PI 控制方法的对比如图 7-21 ~ 图 7-24 所示。

图 7-21 所示为 PESMC 和 PI 控制方法下的蠕滑率跟踪对比效果图。由图 7-21 可知，当轨面发生变化时，两种控制方法都可以收敛到给定值，但 PESMC 控制方法收敛速度更快。进一步从局部放大图可知，在第一次轨面发生变化时，PESMC

控制方法在 10.2 s 即可收敛到给定值，而 PI 控制方法在 11.2 s 才跟踪上，并出现了超调。在第二次轨面变化时，PESMC 控制方法在 20.2 s 收敛到给定值，而 PI 控制方法在 21 s 后才收敛。

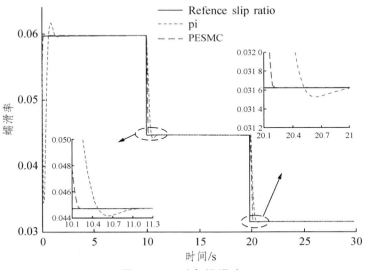

图 7-21　列车蠕滑率

图 7-22 所示为 PESMC 和 PI 控制方法下的蠕滑率跟踪误差变化曲线。由图 7-22 可知，PI 控制方法在列车运行初始阶段就出现较大的跟踪误差，而 PESMC 控制方法下跟踪误差很快便可收敛到零。因此，PESMC 控制方法跟踪效果好，收敛速度快，误差较小。图 7-23 所示为 PESMC 和 PI 控制方法下的列车运行黏着系数对比图。图中实线 μ_{max} 为不同轨面最大黏着系数的实际值。由图 7-23 中局部放大图可知，在轨

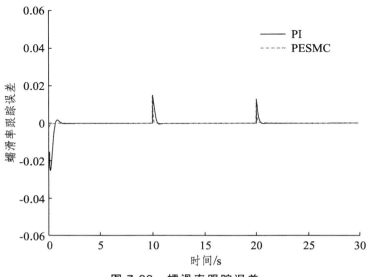

图 7-22　蠕滑率跟踪误差

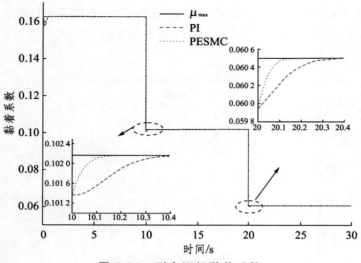

图 7-23 列车运行黏着系数

面初次变化时，PESMC 控制方法下列车运行黏着系数在 10.2 s 即可到达最佳黏着区，而 PI 控制方法下需在 10.4 s 以后。在第二次轨面变化时，PESMC 控制方法下列车运行黏着系数大约在 20.1 s 可到达最佳黏着区，而 PI 控制方法下需在 20.4 s 以后才收敛。因此，相比于 PI 控制方法，PESMC 控制方法列车进入最大黏着区域的速度更快，运行在最大黏着区域的时间更长。

图 7-24（a）和（b）分别为 PI 和 PESMC 控制方法下的轮对速度与列车运行速度变化的曲线。由图 7-24（a）中局部放大图可知，在 PI 控制方法下，列车初始运行阶段 0~1 s 时，轮对速度出现较大抖动。而从图 7-24（b）中局部放大图可知，PESMC 控制方法下轮对速度变化相对比较缓慢。因此，相比于 PI 控制方法，PESMC 控制方法下列车制动效果更加平缓，相对更为安全。

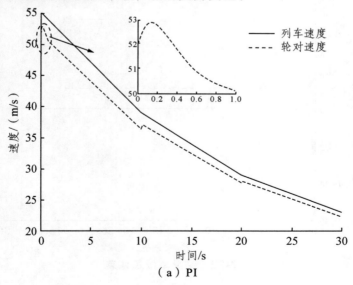

（a）PI

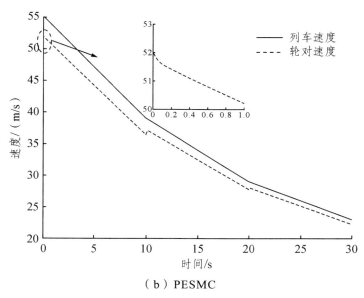

（b）PESMC

图 7-24　轮对速度与列车运行速度

7.4　本章小结

  本章以高速列车的单轮对模型为研究对象,对其黏着制动控制策略进行了研究。首先引入带有未知黏滞摩擦系数及扰动的较为精准的列车制动数学模型；其次对于不同轨面最优蠕滑率的估计,本书引入带有时变遗忘因子的递归最小二乘算法,其表现出了较高的精准度；然后根据非奇异终端滑模控制算法设计控制器,并采用滑模观测器对系统中存在的未知量及扰动进行估计,并将观测值反馈到控制器的设计中,以提高整个系统的鲁棒性。最后利用 MATLAB/Simulink 仿真平台,以文中提出的控制策略及算法进行了建模和仿真。仿真结果表明：本书提出的最优黏着制动控制算法可使列车的蠕滑率始终保持在最佳值附近,保证其运行于不同轨面的最大黏着点区域,从而可获取最佳制动力,提高列车的制动性能。

参考文献

[1] 何静，刘光伟，张昌凡，等. 重载机车粘着性能参数的极大似然辨识方法[J]. 电子测量与仪器学报，2017，31（2）：170-177.

[2] 刘光伟. 重载机车粘着性能参数的极大似然估计[D]. 株洲：湖南工业大学，2018.

[3] 陈哲明. 高速列车驱动制动动力学及其控制研究[D]. 成都：西南交通大学，2010.

[4] Wang H，Man Z，Kong H，et al. Design and Implementation of Adaptive Terminal Sliding-Mode Control on a Steer-by-Wire Equipped Road Vehicle[J]. IEEE Transactions on Industrial Electronics，2016，63（9）：5774-5785.

[5] 刘金琨. 滑模变结构控制 MATLAB 仿真[M]. 北京：清华大学出版社，2005.

[6] 张昌凡，吴公平，何静，等. 一种永磁同步电机失磁故障容错预测控制算法[J]. 电工技术学报，2017，32（15）：100-110.

[7] 何静，邱静，张昌凡. 基于观测器的传感器故障重构方法及其应用[J]. 兵工学报，2009，30（6）：672-676.

[8] Zhang C，Han W，Jing H，et al. Consensus Tracking for Multi-Motor System via Observer Based Variable Structure Approach[J]. Journal of the Franklin Institute，2015，352（8）：3366-3377.

[9] Zhao K，Li P，Zhang C，et al. Online Accurate Estimation of the Wheel-Rail Adhesion Coefficient and Optimal Adhesion Antiskid Control of Heavy-Haul Electric Locomotives Based on Asymmetric Barrier Lyapunov Function[J]. Journal of Sensors，2018：1-12.

[10] 何静，史来诚，张昌凡，等. 动车组电-空制动力优化分配研究[J]. 计算机工程，2018，44（10）：314-320.

第 8 章　总结与展望

8.1　全书总结

高速列车是当今中国客运铁路的主流载体，制动控制技术则是保障动车组安全、高效、舒适运行的关键技术。车辆制动时，列车 ATO 系统依赖高性能的自动制动算法实现对目标制动曲线的跟踪控制。然而，列车运行环境是复杂多变的（未知的空气阻力，弯道、坡道、隧道等复杂多变的线路附加阻力，制动装置带来的控制作用的滞后，不同车厢之间的非线性耦合力），这对列车自动制动控制器的跟踪精度造成了巨大的影响，因此，寻找可以处理上述干扰因素，具备强鲁棒性、高跟踪精度的协同制动控制算法是本书研究的关键问题。

为此，本书针对动车组的自动制动控制问题，主要利用滑模变结构控制和一致性理论设计制动控制器。主要研究结论如下：

（1）对列车轮轨间黏着特性的分析以及根据轮轨动力学和牛顿第二定律建立了高速列车非线性系统模型，并选取蠕滑速度作为控制变量。对于列车车体速度难以准确实时测量的问题，同时制动控制与黏着防滑控制对其依赖很大，本书结合列车系统模型和轮轨黏着曲线设计了一种基于扩展卡尔曼滤波算法，以实时估计列车车体速度。

（2）分析列车制动装置的工作过程，建立了具有输入时滞的动车组制动系统单质点数学模型，引入非奇异线性变换，将含有输入时滞的数学模型等价变换为不含有时滞的能控标准型，设计反演滑模变结构控制器实现对目标制动曲线的高精度跟踪。在此基础上，引入扰动扩张观测器，简化反演控制器的复杂程度，提高了跟踪控制器的抗干扰能力。最后，仿真验证了算法的有效性。

（3）分析动车组的结构特点，建立了基于多智能体系统的分布式数学模型，并引入 Leader-Follower 模式下的一致性控制算法。该算法集成了滑模变结构控制项，使得 Consensus 算法具备滑模变结构算法的优良特点，可以处理模型中的有界不确定性。对设计的滑模一致性算法进行仿真实验，结果表明：该算法较好地处理了模型中的有界不确定性，列车实现了对目标制动曲线的高精度跟踪控制。

（4）在多智能体数学模型的基础上，考虑了车间安全距离的问题，并进一步提高 Consensus 算法的鲁棒性。引入滑模变结构扰动观测器，并将观测值反馈至控制器；集成人工势能场函数，保证制动过程中各个车厢始终保持在安全的车间距。对设计的鲁棒一致性算法进行仿真实验，结果表明：列车对目标制动曲线实现了高精度的跟踪，并且相邻车厢始终保持在安全车间距。最后，利用基于 RT-Lab 的半实物实验平台，进一步验证了算法的可行性和有效性。

（5）对于列车制动过程中制动力难以有效发挥及存在未知扰动控制器难以设计的问题，提出一种基于滑模观测器的非奇异终端滑模控制算法。以单轮对受力模型为基础，建立列车制动动力学模型。考虑列车制动运行不可避免会存在未知量，设计两个滑模观测器对未知量进行观测，并反馈到控制器的设计中，以此提高系统的鲁棒性。通过 MATLAB/Simulink 仿真平台，对设计的滑模观测器以及控制器的效果进行验证，仿真结果表明，本文算法对时变的轨面环境有很好的适应性，并优于 PI 控制方法。

8.2 研究展望

高速列车在制动过程中存在诸多干扰因素，导致制动精度不高。本书分析高速列车的制动过程和分布式结构特点，以滑模变结构控制理论和多智能体一致性理论为技术手段，展开高速列车的协同制动控制研究。分别从车体速度测量、反演滑模控制算法、集成滑模控制的协同控制算法、鲁棒一致性协同控制算法等方面，针对不同的问题分别给出相应的控制算法，分析证明算法的收敛性，进行 MATLAB 仿真验证，并给予 RT-Lab 半实物实验。上述工作均实现了高速列车的高性能制动。但是，滑模控制带来的控制输入的抖动，一致性算法收敛时间的不确定性，以及控制算法输出与执行器输出能力不匹配导致的输入饱和现象，都是高性能制动算法中亟待解决的问题。针对书中已有的研究成果，再考虑算法的创新与工程应用的可行性，这都要求我们对以下问题进行更为深入的探索和研究：

（1）本书所设计的算法均实现了误差的渐进收敛问题，但这与动车组制动的工程背景有所不同。在工程实践中，我们往往希望误差可以在有限时间内收敛到零，进而实现对目标曲线的高精度跟踪。研究有限时间收敛的制动跟踪控制器对工程实现具有极大的意义。

（2）本书所设计的算法分别将动车组视为单质点和多质点模型，这在一定程度上模拟了动车组的制动过程。然而，动车组在实际的制动过程中，存在电制动与空气制动的配合使用。两种制动方式对应的数学模型是不同的，这对制动算法的设计造成了极大的挑战。T-S 模糊模型，可以很好地模拟制动方式切换带来的模型变换。因此，根据制动方式的切换，研究基于 T-S 模糊模型的动车组自动制动算法显得尤为重要。

（3）本书所设计的算法实质上是根据列车自身的运行状态、变换的运行环境，以及所需要的制动曲线等，实时计算出列车所需要的制动力，并通过制动装置施加在动车组上。本书所述控制方案均实现了高精度的跟踪控制，同时具备较强的抗干扰能力。但是，动车组制动装置所能提供的制动力是有限的，当控制器拟输出的力矩大于甚至远大于制动装置所能提供的力矩时，将无法按照控制器的计算值在动车组上实施制动算法。因此，研究输入饱和状态下的跟踪控制器，考虑制动装置所能提供制动力有限性，具有重要的研究意义和工程价值。

（4）本书在设计黏着制动控制器时，是基于带有简单扰动的列车单轮对数学模型，并只在 MATLAB/Simulink 仿真平台进行算法验证。然而，实际运行会遇到各种工况，单一的轮对数学模型只能反映列车运行的部分特征。因此，建立具有列车整体运行特性的动力学模型并以此进行控制方法的设计具有重要意义。